对接世界技能大赛技术标准创新系列教材

技工院校一体化课程教学改革汽车维修专业教材

汽车底盘简单故障检修（二）教师用书

人力资源社会保障部教材办公室　组织编写

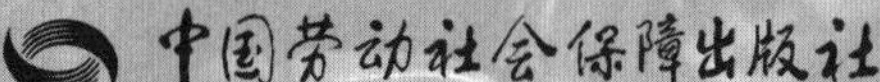

中国劳动社会保障出版社

简介

本套教材为对接世赛标准深化一体化专业课程改革汽车维修专业教材，学习内容对接世赛汽车技术、车身修理、汽车喷漆项目，学习目标融入世赛要求，考核标准对接世赛技能标准，考核评价方法参照世赛评分方案，并设置了世赛知识栏目。

本书为《汽车底盘简单故障检修（二）》的配套教师用书，在《汽车底盘简单故障检修（二）》的基础上增加了引导问题的参考答案，并给出了学习任务设计方案和教学活动策划表，内容丰富、实用，有助于教师更好地开展一体化教学。

图书在版编目（CIP）数据

汽车底盘简单故障检修（二）教师用书 / 人力资源社会保障部教材办公室组织编写 . -- 北京：中国劳动社会保障出版社，2022

对接世界技能大赛技术标准创新系列教材　技工院校一体化课程教学改革汽车维修专业教材

ISBN 978-7-5167-5437-5

Ⅰ. ①汽…　Ⅱ. ①人…　Ⅲ. ①汽车 – 底盘 – 故障诊断 – 技工学校 – 教学参考资料②汽车 – 底盘 – 故障修复 – 技工学校 – 教学参考资料　Ⅳ. ①U472.41

中国版本图书馆 CIP 数据核字（2022）第 084914 号

中国劳动社会保障出版社出版发行

（北京市惠新东街 1 号　邮政编码：100029）

*

北京市白帆印务有限公司印刷装订　　新华书店经销

880 毫米 ×1230 毫米　16 开本　11 印张　256 千字

2022 年 7 月第 1 版　　2022 年 7 月第 1 次印刷

定价：31.00 元

读者服务部电话：（010）64929211/84209101/64921644

营销中心电话：（010）64962347

出版社网址：http://www.class.com.cn

http://jg.class.com.cn

对接世界技能大赛技术标准创新系列教材

编审委员会

主　任：刘　康

副主任：张　斌　王晓君　刘新昌　冯　政

委　员：王　飞　翟　涛　杨　奕　张　伟　赵庆鹏　姜华平

杜庚星　王鸿飞

汽车维修专业课程改革工作小组

课 改 校：杭州技师学院　重庆五一技师学院

云南交通技师学院　山东工程技师学院　广东省机械技师学院

广州市工贸技师学院　山西交通技师学院　大连交通技师学院

广州市交通技师学院　江苏省盐城技师学院

技术指导：郭七一

编　　辑：马　琳

本书编审人员

主　编：陈松宏

参　编：吴　忠　豆红波　肖拯忠　李全党　唐新胜

序

世界技能大赛由世界技能组织每两年举办一届，是迄今全球地位最高、规模最大、影响力最广的职业技能竞赛，被誉为“世界技能奥林匹克”。我国于2010年加入世界技能组织，先后参加了五届世界技能大赛，累计取得36金、29银、20铜和58个优胜奖的优异成绩。第46届世界技能大赛将在我国上海举办。2019年9月，习近平总书记对我国选手在第45届世界技能大赛上取得佳绩作出重要指示，并强调，劳动者素质对一个国家、一个民族发展至关重要。技术工人队伍是支撑中国制造、中国创造的重要基础，对推动经济高质量发展具有重要作用。要健全技能人才培养、使用、评价、激励制度，大力发展技工教育，大规模开展职业技能培训，加快培养大批高素质劳动者和技术技能人才。要在全社会弘扬精益求精的工匠精神，激励广大青年走技能成才、技能报国之路。

为充分借鉴世界技能大赛先进理念、技术标准和评价体系，突出“高、精、尖、缺”导向，促进技工教育与世界先进标准接轨，完善我国技能人才培养模式，全面提升技能人才培养质量，人力资源社会保障部于2019年4月启动了世界技能大赛成果转化工作。根据成果转化工作方案，成立了由世界技能大赛中国集训基地、一体化课改学校，以及竞赛项目中国技术指导专家、企业专家、出版集团资深编辑组成的对接世界技能大赛技术标准深化专业课程改革工作小组，按照创新开发新专业、升级改造传统专业、深化一体化专业课程改革三种对接转化原则，以专业培养目标对接职业描述、专业课程对接世界技能标准、课程考核与评价对接评分方案等多种操作模式和路径，同时融入健康与安全、绿色与环保及可持续发展理念，开发与世界技能大赛项目对接的专业人才培养方案、教材及配套教学资源。首批对接 19 个世界技能大赛项目共 12 个专业的成果将于 2020—2021 年陆续出版，主要用于技工院校日常专业教学工作中，充分发挥世界技能大赛成果转化对技工院校技能人才的引领示范作用。在总结经验及调研的基础上选择新的对接项目，陆续启动第二批等世界技能大赛成果转化工作。

希望全国技工院校将对接世界技能大赛技术标准创新系列教材，作为深化专业课程建设、创新人才培养模式、提高人才培养质量的重要抓手，进一步推动教学改革，坚持高端引领，促进内涵发展，提升办学质量，为加快培养高水平的技能人才作出新的更大贡献！

2020年11月

汽车维修专业一体化教学参考书目录（中级阶段）

序号	书名
1	汽车文化（第二版）
2	机械识图（第四版）
3	机械基础（第四版）
4	电工与电子技术基础（第四版）
5	汽车材料（第四版）
6	钳工技能训练（第四版）
7	汽车维修企业管理（第二版）
8	汽车发动机构造与维修（第二版）
9	汽车底盘构造与维修（第二版）
10	汽车电气设备构造与维修（第二版）
11	汽车维护与故障诊断（第三版）
12	汽车构造（第三版）
13	汽车维护
14	汽车空调
15	汽车电气设备（第二版）
16	汽车维修技术手册

汽车底盘简单故障检修对应的学习任务

教材名称	对应的学习任务
汽车底盘简单故障检修（一）	学习任务一　汽车挂挡困难故障检修
	学习任务二　汽车行驶异响故障检修
	学习任务三　汽车转向沉重故障检修
汽车底盘简单故障检修（二）	学习任务四　汽车制动无力故障检修
	学习任务五　汽车防抱死制动系统故障灯亮故障检修
	学习任务六　汽车行驶跑偏故障检修

目　录

学习任务四　汽车制动无力故障检修

学习目标

1. 能描述汽车制动系统的作用、组成及分类。
2. 能描述制动踏板自由高度、自由行程和行程余量的定义。
3. 能描述制动液的作用、型号、选用原则及更换周期。
4. 能描述制动总泵及真空助力器的作用、组成及安装位置。
5. 能描述行车制动器的类型、特点、组成及工作原理。
6. 能描述驻车制动器的作用、组成及类型。
7. 能完成制动踏板位置的检查与调整。
8. 能正确使用制动液含水量（率）测试仪器，并完成制动液的检查与更换。
9. 能完成制动总泵及真空助力器的检查与更换。
10. 能完成盘式制动器和鼓式制动器的检查与更换。
11. 能完成驻车制动器的检查与调整，以及驻车制动器拉索的更换。
12. 能对维修场地设备进行日常维护与保养，按 6S 管理规定要求清理现场。
13. 能对相关资料、互联网资源进行检索，完成维修工单、工作页的填写。
14. 能展示工作成果，进行任务评价，总结工作经验，优化检修方案。
15. 能在作业过程中严格按照企业操作规范操作，严格遵守安全生产制度、环保管理制度和从业人员职业道德，具有吃苦耐劳、爱岗敬业的工作态度和职业精神。

建议学时

40 学时。

工作情境描述

一辆 2014 年款丰田卡罗拉 1.6 GL 轿车在制动时，感觉制动力不足，差点儿导致撞车。车主将该车送入维修站后，经班组长检查初步判断为制动无力故障。汽车维修人员需要对相关部件进行拆检，根据维修手册相关要求，在规定时间内，参照维修资料完成制动系统的检查与零部件的更换工作，自检合格后交付班组长验收。

工作流程与活动

学习活动 1　汽车制动系统的认知（4 学时）

学习活动 2　制动踏板位置的检查与调整（4 学时）

学习活动 3　制动液及管路的检查与更换（6 学时）

学习活动 4　制动总泵及真空助力器的检查与更换（4 学时）

学习活动 5　行车制动器的检查与更换（14 学时）

学习活动 6　驻车制动器的检查与调整（4 学时）

学习活动 7　工作总结与评价（4 学时）

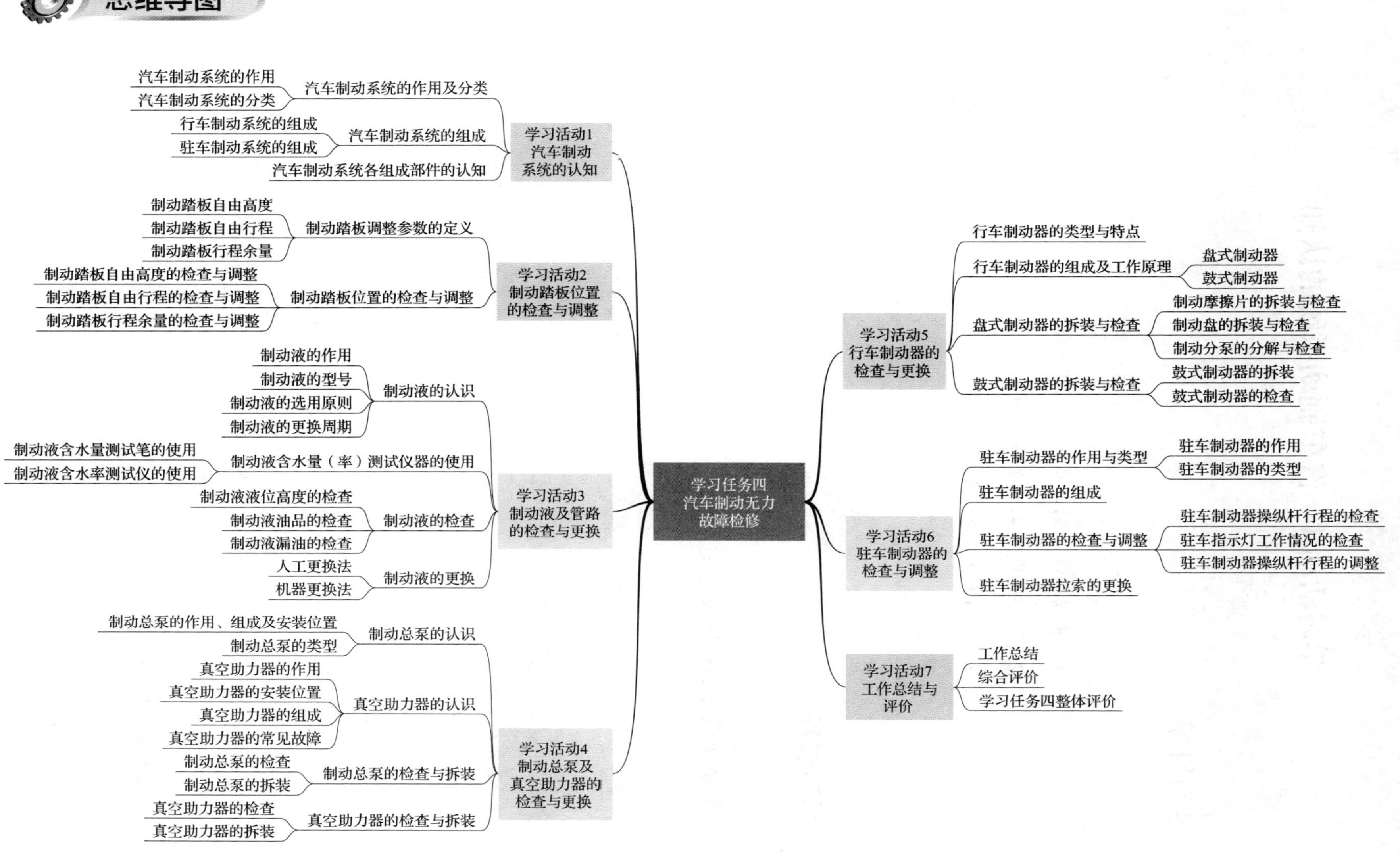
思维导图
学习任务四 汽车制动无力故障检修
学习活动1 汽车制动系统的认知
汽车制动系统的作用及分类
汽车制动系统的作用
汽车制动系统的分类
汽车制动系统的组成
行车制动系统的组成
驻车制动系统的组成
汽车制动系统各组成部件的认知
学习活动2 制动踏板位置的检查与调整
制动踏板调整参数的定义
制动踏板自由高度
制动踏板自由行程
制动踏板行程余量
制动踏板位置的检查与调整
制动踏板自由高度的检查与调整
制动踏板自由行程的检查与调整
制动踏板行程余量的检查与调整
学习活动3 制动液及管路的检查与更换
制动液的认识
制动液的作用
制动液的型号
制动液的选用原则
制动液的更换周期
制动液含水量（率）测试仪器的使用
制动液含水量测试笔的使用
制动液含水率测试仪的使用
制动液的检查
制动液液位高度的检查
制动液油品的检查
制动液漏油的检查
制动液的更换
人工更换法
机器更换法
学习活动4 制动总泵及真空助力器的检查与更换
制动总泵的认识
制动总泵的作用、组成及安装位置
制动总泵的类型
真空助力器的认识
真空助力器的作用
真空助力器的安装位置
真空助力器的组成
真空助力器的常见故障
制动总泵的检查与拆装
制动总泵的检查
制动总泵的拆装
真空助力器的检查与拆装
真空助力器的检查
真空助力器的拆装
学习活动5 行车制动器的检查与更换
行车制动器的类型与特点
行车制动器的组成及工作原理
盘式制动器
鼓式制动器
盘式制动器的拆装与检查
制动摩擦片的拆装与检查
制动盘的拆装与检查
制动分泵的分解与检查
鼓式制动器的拆装与检查
鼓式制动器的拆装
鼓式制动器的检查
学习活动6 驻车制动器的检查与调整
驻车制动器的作用与类型
驻车制动器的作用
驻车制动器的类型
驻车制动器的组成
驻车制动器的检查与调整
驻车制动器操纵杆行程的检查
驻车指示灯工作情况的检查
驻车制动器操纵杆行程的调整
驻车制动器拉索的更换
学习活动7 工作总结与评价
工作总结
综合评价
学习任务四整体评价

学习活动 1　汽车制动系统的认知

学习目标

1. 能描述汽车制动系统的作用及分类。
2. 能描述汽车制动系统的组成。
3. 能描述汽车制动系统各组成部件的作用及安装位置。

建议学时：4 学时。

学习过程

一、汽车制动系统的作用及分类

1．汽车制动系统的作用

汽车制动系统可以强制降低汽车的行驶速度。查阅资料，写出汽车制动系统的作用。

答：

（1）按照需要使汽车减速或在最短距离内停车。

（2）在行驶时限制车速。

（3）使汽车可靠地停放在原地保持不动。

2．汽车制动系统的分类

（1）汽车制动系统按功用可分为：行车制动系统、<u>驻车制动系统</u>和辅助制动系统。

（2）汽车制动系统按制动能量传输方式可分为：机械式、<u>液压式</u>、<u>气压式</u>和电磁式。

（3）汽车制动系统按制动回路数量可分为：单回路制动系统和<u>双回路制动系统</u>。

（4）汽车制动系统按能源可分为：人力制动系统、<u>动力制动系统</u>和伺服制动系统。

二、汽车制动系统的组成

现代轿车多采用伺服制动系统，主要由<u>行车</u>制动系统和<u>驻车</u>制动系统两部分组成。汽车制动系统的组成如图 4–1–1 所示。

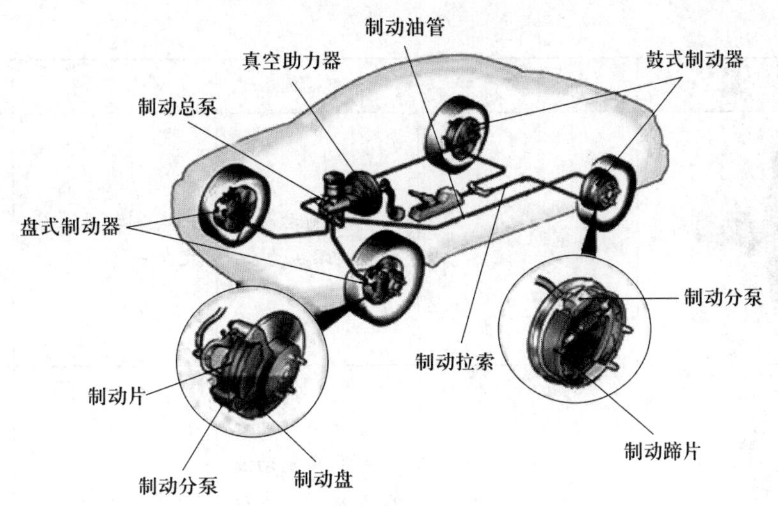

图 4-1-1　汽车制动系统的组成

1．行车制动系统的组成

行车制动系统主要由制动踏板、制动总泵、真空助力器、防抱死制动系统总成、制动液、制动油管、前制动器和后制动器等组成。

2．驻车制动系统的组成

驻车制动系统主要由驻车制动手柄、驻车制动拉索和驻车制动蹄片等组成。

三、汽车制动系统各组成部件的认知

根据表 4-1-1 中的实物图并结合实训车辆或实训台架，写出汽车制动系统各组成部件的名称及作用，识别其所属系统以及在实车上的安装位置。

表 4-1-1　汽车制动系统各组成部件的认知

实物图	名称	作用	安装位置	所属系统
	盘式制动器（又称碟式制动器）	在高压制动液的压力下产生对车轮的制动力	固定在轮毂上	行车制动系统 ☑ 驻车制动系统☐
	制动总泵	将制动踏板输入的机械力转换成液压力	制动踏板与管路之间	行车制动系统 ☑ 驻车制动系统☐

续表

实物图	名称	作用	安装位置	所属系统
	真空助力器	降低制动所需要的脚踏板力	与制动总泵安装在一起	行车制动系统☑ 驻车制动系统□
	鼓式制动器	在高压制动液的压力下产生对车轮的制动力	固定在轮毂上	行车制动系统☑ 驻车制动系统□
	制动踏板	使汽车减速或停车	主驾驶室内的脚踏板处	行车制动系统☑ 驻车制动系统□
	驻车制动手柄	实现停车制动	一般在驾驶员右侧扶手边	行车制动系统□ 驻车制动系统☑
	电子驻车	实现停车制动	一般在换挡杆旁边显眼的位置	行车制动系统□ 驻车制动系统☑
	制动压力调节器	接收ECU的指令，通过电磁阀的动作来实现车轮制动器制动压力的自动调节，实现降压、保压、升压的目的	串接在制动总泵与制动分泵之间	行车制动系统☑ 驻车制动系统□

四、学习过程评价

学习过程评价见表 4–1–2。

表 4–1–2 学习过程评价表

班级		姓名		学号		日期	年 月 日
序号	评价要点				配分	得分	总评
1	能正确识读和填写工作页，明确学习活动要求				10		A □（86 ~ 100） B □（76 ~ 85） C □（60 ~ 75） D □（60 以下）
2	能查阅资料，写出汽车制动系统的作用及分类				20		
3	能查阅资料，写出汽车制动系统的组成				20		
4	能查阅资料，写出汽车制动系统各组成部件的作用及安装位置				20		
5	能遵守劳动纪律，以积极的态度接受工作任务				10		
6	能积极参与小组讨论，具有团队合作精神				10		
7	能及时完成教师布置的任务				10		
总 分					100		
小结建议							

学习活动 2　制动踏板位置的检查与调整

学习目标

1. 能描述制动踏板调整参数的定义。
2. 能完成制动踏板位置的检查与调整。

建议学时：4 学时。

学习过程

一、制动踏板调整参数的定义

制动力的大小取决于驾驶员踩在制动踏板上的力的大小。调整汽车制动系统时，会接触到制动踏板<u>自由高度</u>、制动踏板<u>自由行程</u>和制动踏板<u>行程余量</u>三个参数，如图 4-2-1 所示。

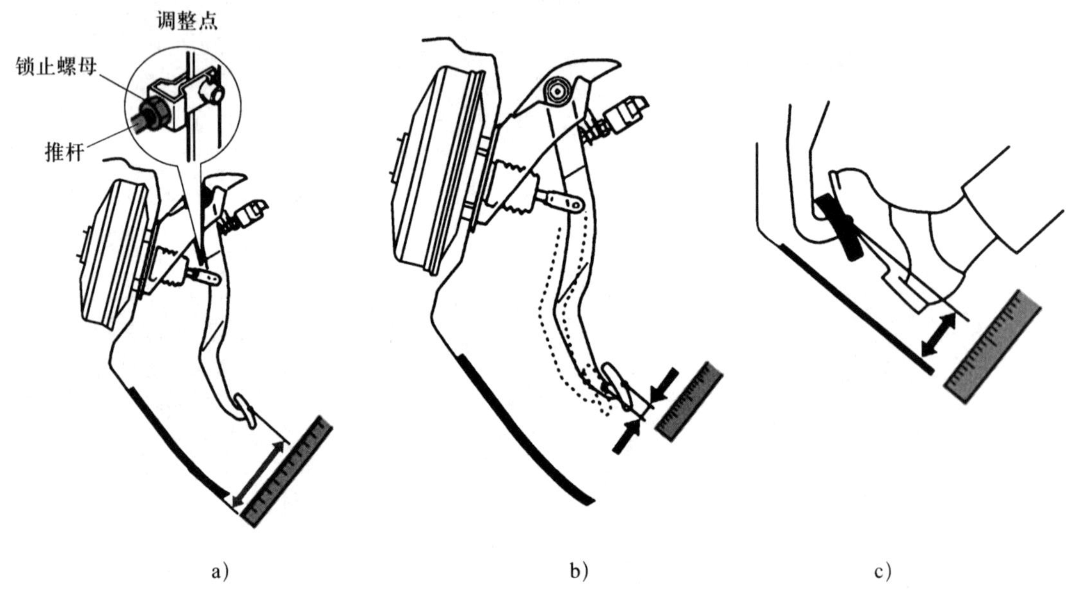

图 4-2-1　制动踏板的结构与行程

a）制动踏板自由高度　b）制动踏板自由行程　c）制动踏板行程余量

查阅资料，写出下列名词术语的定义。

1．制动踏板自由高度

答：制动踏板自由高度是指制动踏板在自由状态下，车内地板到制动踏板表面之间的最短距离（不包含地毯和其他填充物的厚度）。

2．制动踏板自由行程

答：制动踏板自由行程是指踩下制动踏板时，制动推杆接触到制动主缸活塞的过程中制动踏板移动的距离，它是制动主缸推杆与制动主缸活塞之间的间隙在制动踏板上的反映。

3．制动踏板行程余量

答：制动踏板行程余量是指发动机运转和驻车制动器松开时用 294 N 的作用力踩下制动踏板，此时制动踏板与地板之间的距离。

二、制动踏板位置的检查与调整

1．制动踏板自由高度的检查与调整

（1）翻起地毯。

（2）如图 4-2-2 所示，测量__制动踏板表面__与__地板__之间的__最短__距离，所测得的制动踏板自由高度为__140__mm。查阅维修手册，该车制动踏板自由高度标准值为__145.8 ~ 155.8__mm（是否需要调整：☑是　□否）。

（3）调整制动踏板自由高度。

1）断开制动灯开关连接器，如图 4-2-3 所示。

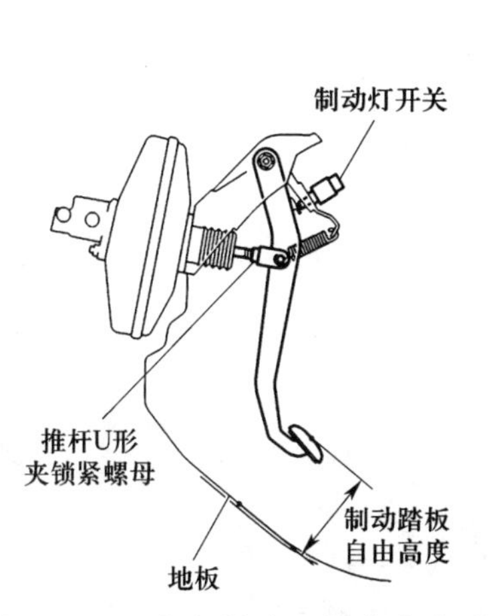

图 4-2-2　检查制动踏板自由高度

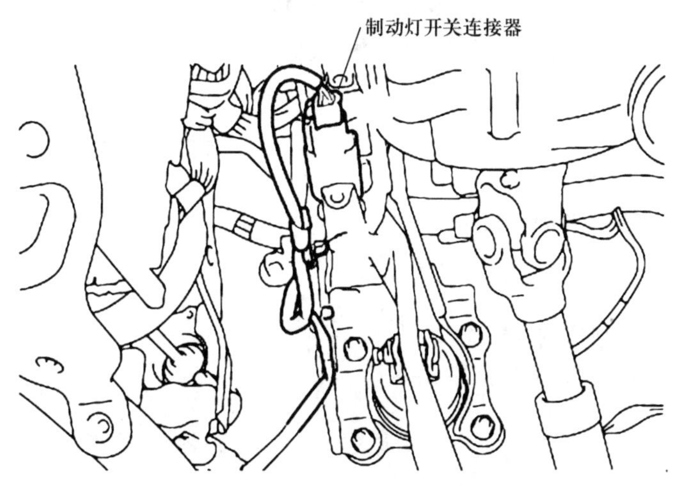

图 4-2-3　断开制动灯开关连接器

2）拆下制动灯开关总成。

3）松开推杆 U 形夹锁紧螺母。

4）转动＿推杆＿以调整＿制动踏板自由高度＿，如图 4–2–4 所示。

5）拧紧推杆 U 形夹锁紧螺母。查阅维修手册，该车推杆 U 形夹锁紧螺母的拧紧力矩为＿26＿N · m。

6）将制动灯开关插入调节器固定架，直至开关壳体接触到＿制动踏板＿。

注意：不要踩下制动踏板。

7）调整制动灯开关。

①测量制动灯开关推杆凸出部分间隙，如图 4–2–5 所示。

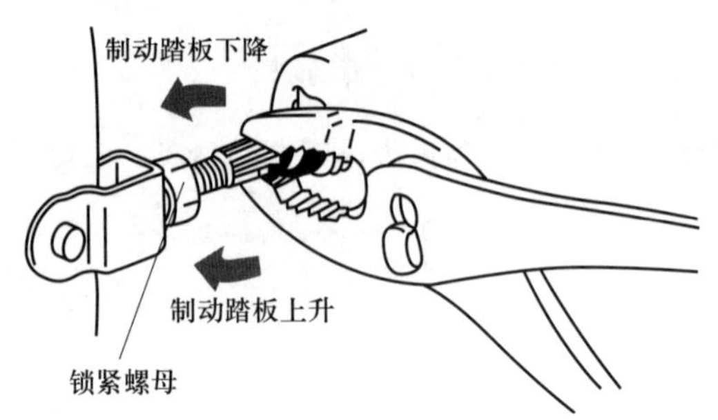

图 4–2–4　调整制动踏板自由高度

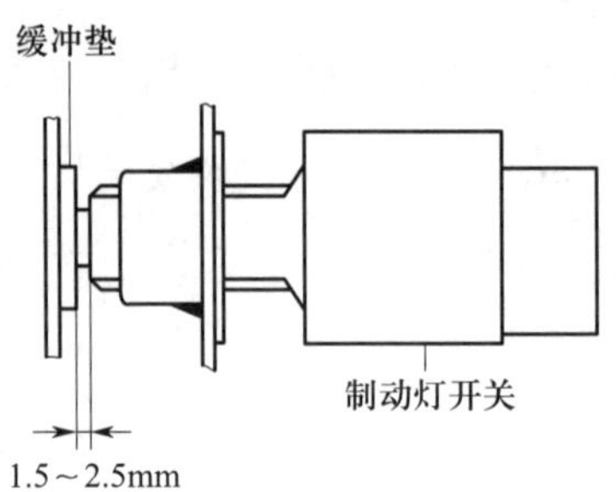

图 4–2–5　测量制动灯开关推杆凸出部分间隙

所测得的制动灯开关推杆凸出部分与缓冲垫之间的间隙为＿3＿mm，查阅维修手册，该车制动灯开关推杆凸出部分间隙（又称推杆间隙）标准值为＿1.5 ~ 2.5＿mm（是否需要调整：是☑　否□）。

②调整制动灯开关，如图 4–2–6 所示。

图 4–2–6　沿逆时针或顺时针方向转动制动灯开关

若推杆间隙过小，＿逆时针＿转动制动灯开关；若推杆间隙过大，＿顺时针＿转动制动灯开关。

8）连接制动灯开关连接器。

2．制动踏板自由行程的检查与调整

（1）关闭发动机。

（2）多次踩下制动踏板直至＿真空助力器内无真空＿，然后松开制动踏板。

（3）踩下制动踏板直至感觉到＿轻微＿的阻力，然后测量距离，如图 4–2–7 所示。

所测得的制动踏板自由行程为 <u>4</u> mm，查阅维修手册，该车制动踏板自由行程标准值为 <u>1 ~ 6</u> mm（是否需要调整：□是　☑否）。

注意：如果制动踏板自由行程不符合规定，应检查 <u>推杆间隙</u> 。

若制动踏板自由行程 <u>过小</u> ，易引起制动拖滞；若制动踏板自由行程 <u>过大</u> ，则制动作用时间延长，制动距离增大，制动性能变差。

3．制动踏板行程余量的检查与调整

（1） <u>松开</u> 驻车制动手柄。

（2）发动机 <u>运转</u> 时踩下制动踏板（用脚踩下的力为 <u>294</u> N），并测量制动踏板行程余量，如图 4-2-8 所示。

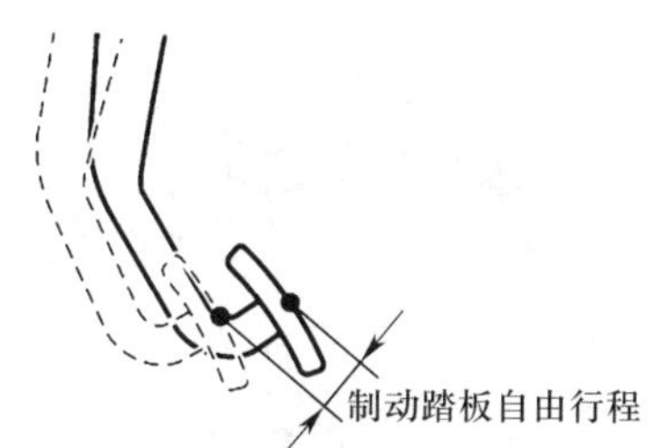

图 4-2-7　测量制动踏板自由行程

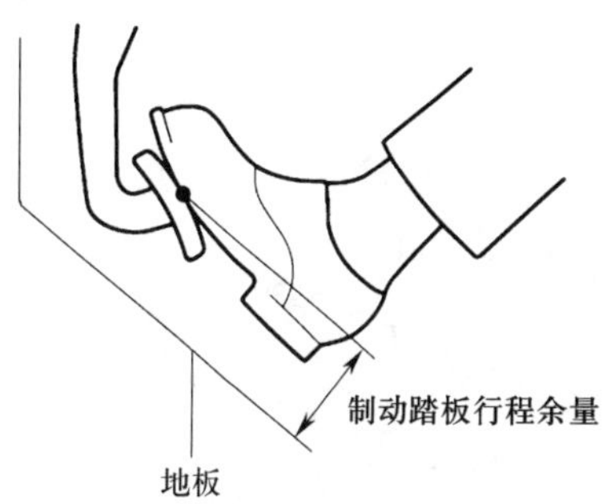

图 4-2-8　测量制动踏板行程余量

注意：在检查制动踏板自由高度的同一点测量距离。

所测得的制动踏板行程余量为 <u>90</u> mm，查阅维修手册，该车制动踏板行程余量标准值：不带 VSC（车身稳定控制系统）时为 <u>85</u> mm；带 VSC 时为 <u>90</u> mm。如果制动踏板行程余量不符合规定，应对制动系统进行故障诊断与排除。

三、学习过程评价

学习过程评价见表 4-2-1。

表 4-2-1　　　　学习过程评价表

班级		姓名		学号		日期	年　月　日
序号	评价要点				配分	得分	总评
1	能正确识读和填写工作页，明确学习活动要求				10		A □（86 ~ 100） B □（76 ~ 85） C □（60 ~ 75） D □（60 以下）
2	能查阅资料，写出汽车制动踏板调整参数的定义				20		
3	能按照规范，完成制动踏板自由高度的检查与调整				20		
4	能按照规范，完成制动踏板自由行程的检查与调整				10		
5	能按照规范，完成制动踏板行程余量的检查与调整				10		

续表

<table>
<tr><th>序号</th><th>评价要点</th><th>配分</th><th>得分</th><th>总评</th></tr>
<tr><td>6</td><td>能遵守劳动纪律，以积极的态度接受工作任务</td><td>10</td><td></td><td rowspan="4">A □（86 ~ 100）
B □（76 ~ 85）
C □（60 ~ 75）
D □（60 以下）</td></tr>
<tr><td>7</td><td>能积极参与小组讨论，具有团队合作精神</td><td>10</td><td></td></tr>
<tr><td>8</td><td>能及时完成教师布置的任务</td><td>10</td><td></td></tr>
<tr><td colspan="2">总　分</td><td>100</td><td></td></tr>
<tr><td>小结
建议</td><td colspan="4"></td></tr>
</table>

学习活动 3　制动液及管路的检查与更换

学习目标

1. 能描述制动液的作用、型号、选用原则及更换周期。

2. 能正确使用制动液含水量测试笔与制动液含水率测试仪。

3. 能完成制动液的检查。

4. 能完成制动液的更换。

建议学时：6 学时。

学习过程

一、制动液的认识

1．制动液的作用

制动液又称__刹车油__，是制动系统中传递制动压力的液态介质。

查阅资料，写出制动液的作用。

答：汽车制动液是用于汽车液压制动系统中传递压力，使车轮制动器实现制动作用的一种功能性液体，起到传递能量、散热、防腐、防锈以及润滑等作用。

2．制动液的型号

根据美国石油协会（API）规定，制动液分为__DOT3__、__DOT4__和__DOT 5.1__三种。其中，__DOT3__一般为醇醚型，其化学成分为低聚乙二醇或丙二醇；__DOT4__一般为酯型，是在醇醚型的基础上添加大量的硼酸酯；__DOT 5.1__一般为硅油型。

注意：不同型号的制动液不宜混合使用。

3．制动液的选用原则

车辆使用与维修人员应该按照__车辆使用说明书上的__规定选择相应的制动液，不得随意提高或降低标准。

制动液的选用一般应遵循以下原则：

（1）选用的制动液产品类型应与 车辆制造厂家 规定的制动液产品类型相同。

（2）尽量选用正规厂家生产的、性能稳定的、质量有保证的制动液产品。

（3）选用的制动液产品质量等级应等于或高于车辆制造厂家规定的制动液质量等级。

（4）尽量选择 合成 制动液。

4．制动液的更换周期

每 2 年或每行驶 40 000 km 需更换制动液。当发现制动液中有杂质或 水分 时，必须更换制动液。

二、制动液含水量（率）测试仪器的使用

1．制动液含水量测试笔的使用

制动液具有吸水性。空气中的水分会从制动液储液罐的透气孔渗入，导致制动液水分超标、沸点降低，从而影响制动效果。当制动液含水量达到一定值时，高温会使水分蒸发汽化，进而在制动液管路中形成气阻，导致制动迟钝、滞后，甚至失灵。此外，如果长时间不更换制动液，可能会使制动系统遭到腐蚀，给行车带来一定的安全隐患。

制动液含水量无法用肉眼判断，汽修店会使用专业测试仪器进行检查，通常使用制动液含水量测试笔。根据制动液含水量的不同，测试笔会显示绿色、黄色、红色三种灯光。绿灯表示制动液使用情况正常；当制动液含水量达到 2% 时会亮起黄灯，这时，汽车再行驶 3 000 km 左右就该更换制动液了；如果亮起红灯，表示制动液含水量已经超标，应该马上更换制动液。

制动液含水量测试笔的使用方法：使用时，保持笔尖上的 2 个金属探头全部浸泡在制动液中，如图 4-3-1 所示，按住笔尖尾部按钮并保持 2 s 以上的时间，读取笔杆上的 5 个 LED 指示灯的显示结果（检测结果）。

查阅资料并结合实际情况，在表 4-3-1 中写出制动液含水量测试笔上 LED 灯各状态对应的含义。

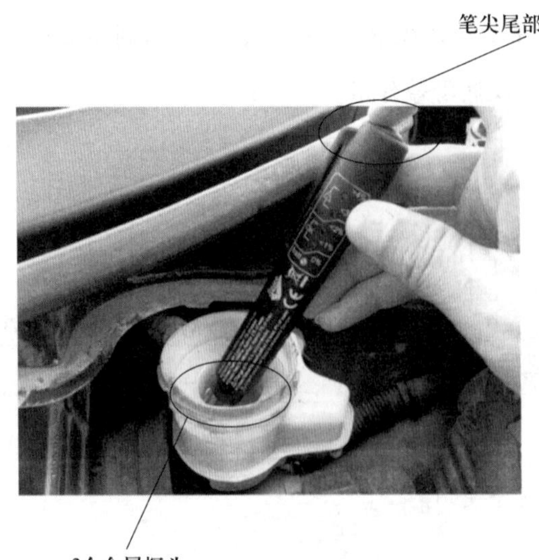

图 4-3-1　制动液含水量测试笔的使用

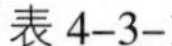

表 4-3-1　　　制动液含水量测试笔上 LED 灯各状态对应的含义

制动液含水量测试笔上的 LED 灯状态	含义
①	① 0% 为绿色 LED 灯，表示：测试笔自身电源正常，制动液不含水，可以正常使用
②	② <1% 为黄色 LED 灯，表示：含水量＜ 1%，制动液正常
③	③ <2% 为黄色 LED 灯，表示：含水量约为 2%，制动液基本正常，但需要观察
④	④ <3% 为红色 LED 灯，表示：含水量约为 3%，需要更换制动液
⑤	⑤ >4% 为红色 LED 灯，表示：含水量＞ 4%，含水量太高，制动液油质差，必须马上更换制动液

2．制动液含水率测试仪的使用

以胜利 VC2GF 制动液含水率测试仪（见图 4-3-2）为例进行说明。

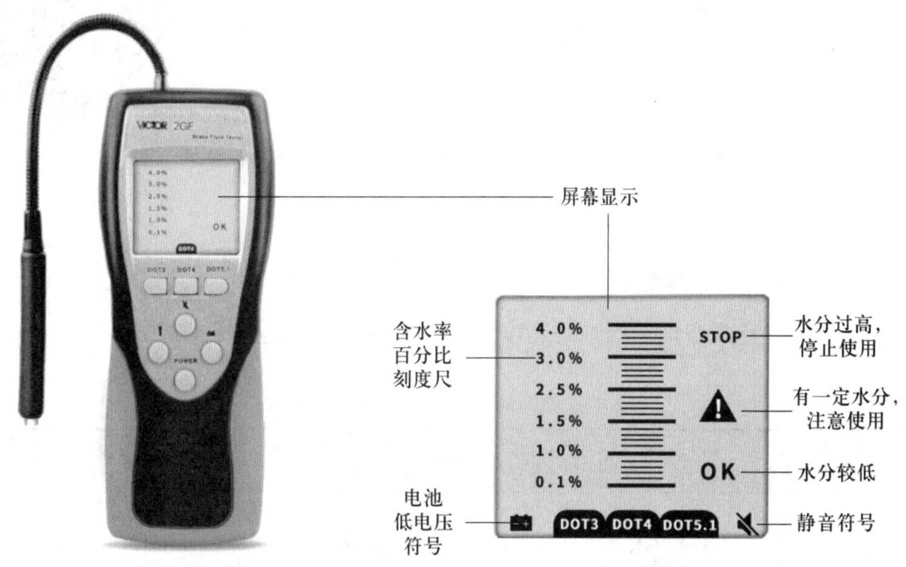

图 4-3-2　胜利 VC2GF 制动液含水率测试仪

查阅资料，写出制动液含水率测试仪的使用方法。

答：

（1）按“POWER”按钮开机，屏幕显示“OK”表示产品自检成功。

（2）根据车辆制造厂家规定，按下“DOT3”“DOT4”“DOT5.1”按钮选择制动液类型。

（3）测试前将制动液含水率测试仪探头擦拭干净，将两个金属测试探头完全插入制动液中，观察屏幕上显示的状态。

（4）每次测试完毕，应将测试仪探头擦拭干净，按“POWER”按钮关机。

三、制动液的检查

1．制动液液位高度的检查

（1）制动液液位警告信号开关

作用：用于检测制动液储液罐内的制动液液位，在液位 低于 规定值时将信号传递给汽车仪表。

安装位置：制动液液位警告信号开关安装在 储液罐或旋盖 上，如图 4-3-3 所示。

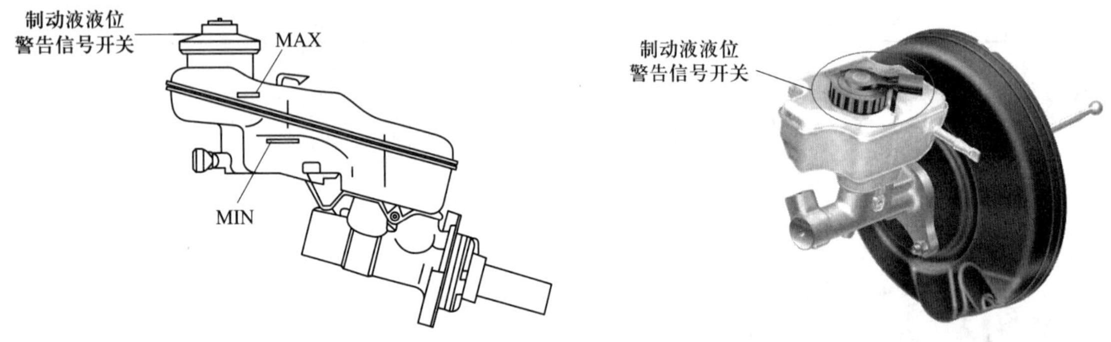

图 4-3-3　制动液液位警告信号开关及其安装位置

MAX— 最高值　MIN— 最低值

（2）制动液液位高度检查与结果分析

根据表 4-3-2 的内容，完成实训车辆制动液液位高度的检查与结果分析。

表 4-3-2　制动液液位高度的检查与结果分析

项目	操作内容与结果	备注
仪表信息验证	检查仪表上是否点亮制动液液位指示灯 (!) ☑是　□否	正确的在□中打√

续表

项目	操作内容与结果	备注
制动液液位高度的检查	在下图中标记实际液位高度： 液位高度：<u>过低</u>，是否正常：是□　　否☑	在_____处填写测量到的数据，正确的在□中打√

常规保养时的制动液液位：须根据制动片的磨损程度来判定制动液液位是否正常

行车时，由于制动片磨损和自动调整，液位会略微下降

- 当制动片快磨损到极限时，液位通常偏低，即在最低标记处或稍高于最低标记处，此时不必添加制动液
- 当制动片是新的或远远没达到磨损极限时，建议的制动液液位位于最低标记与最高标记之间

注意

由于制动液几乎没有损耗，如果液位降低到最低标记以下，必须在添加制动液之前检查制动系统，确保没有泄漏和其他异常情况

2．制动液油品的检查

根据表 4-3-3 的内容，完成实训车辆制动液油品的检查。

表 4-3-3　　制动液油品的检查

项目	操作内容与结果
制动液含水量的检测	立即更换 可以使用 良好 制动液含水量为：<u><1%</u> 处理意见：<u>制动液正常，可以继续使用</u>

3．制动液漏油的检查

如果制动液液位高度 在短时间内 显著下降，或低于“ MIN ”标记时应立即对制动系统管路进行检查。图 4-3-4 所示为检查制动管路各连接处，若出现漏油现象，必须恢复正常后才能使用。

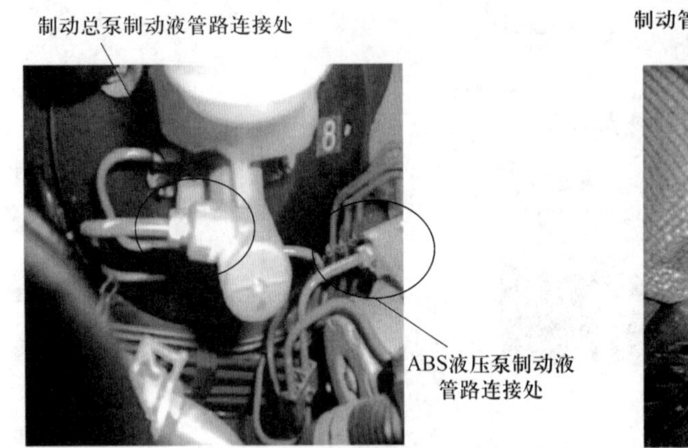

图 4-3-4 制动液漏油的检查

四、制动液的更换

1．人工更换法

在更换制动液 或为制动管路 排除空气 时，一般要求两人配合操作（一人在车上操作，一人在车下操作）。

（1）将透明软管一端接在 制动分泵 处的 排气螺塞 上，另一端插入一个透明容器，如图 4-3-5 所示。

（2） 在排气 或 更换制动液 时，车上人员 连续踩几下制动踏板 ，对制动液储液罐内空气加压，然后 踩住制动踏板不放 ，如图 4-3-6 所示。

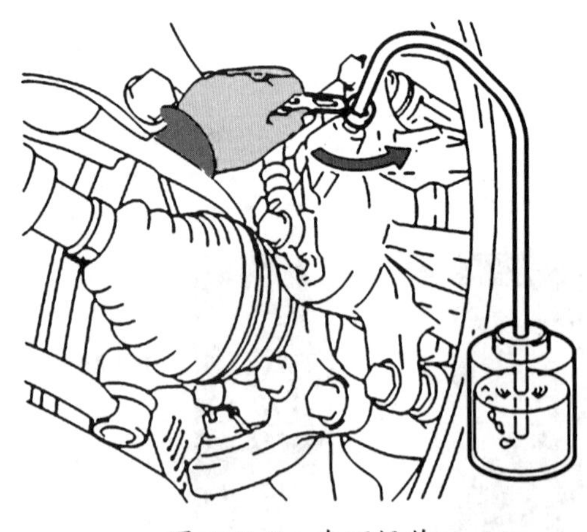

图 4-3-5 车下操作

图 4-3-6 车上操作

（3）车下作业人员将制动分泵上的 排气螺塞 旋出至少一整圈，空气随制动液一起排出。若排出的制动液有 泡沫 ，则应旋紧排气螺塞，车上人员再踩几下制动踏板，车下人员继续上述操作，直到排出的制动液中没有 泡沫 ，车下人员再次旋紧排气螺塞。

一般应先对离制动总泵最远的车轮的制动管路进行排气，不同车型制动液的排气顺序略有差异，应按照汽车维修手册上的相应要求进行排气。如图 4–3–7 所示，按右后轮→左后轮→右前轮→左前轮的顺序，进行各制动分泵制动液的更换及空气的排放。

（4）检查制动液液位，必须在 MAX 与 MIN 之间。

2．机器更换法

（1） 安装 制动液储液罐密封盖适配器，如图 4–3–8 所示。

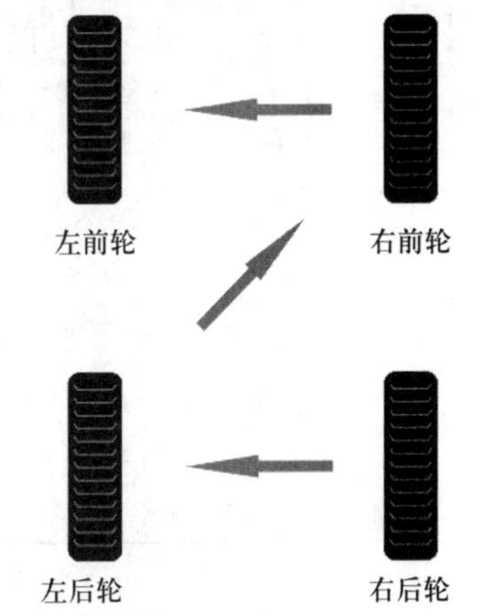

图 4–3–7　卡罗拉汽车制动液更换顺序

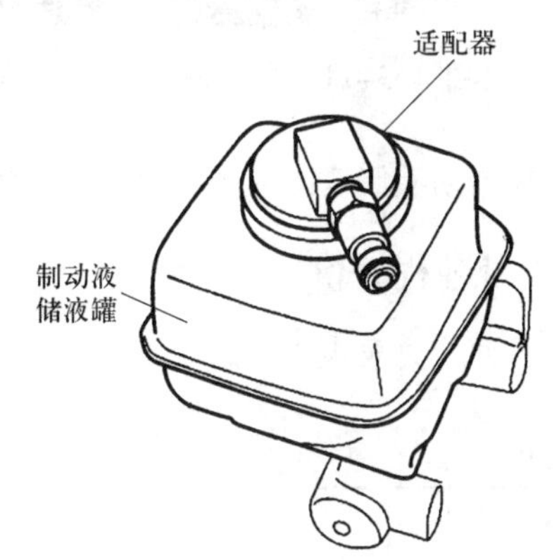

图 4–3–8　制动液储液罐密封盖适配器

（2）连接 制动液加注管 ，如图 4–3–9 所示。

（3）打开 排气阀门 开关，用 气枪 将制动液加注机活塞复位，如图 4–3–10 所示。

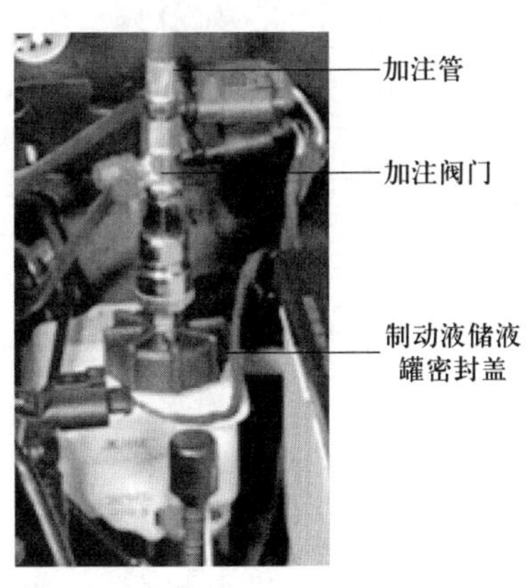

图 4–3–9　连接 制动液加注管

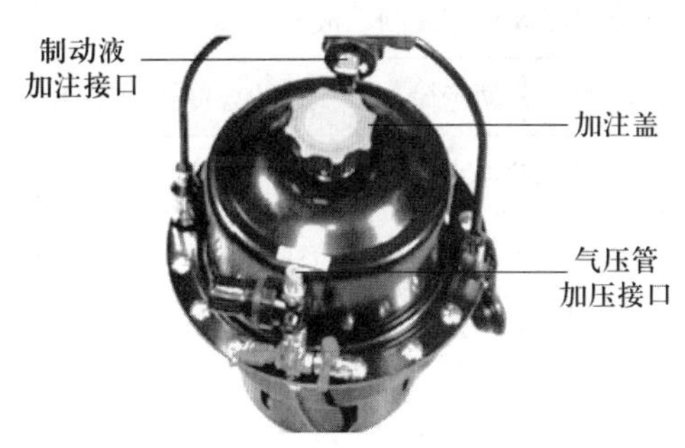

图 4–3–10　复位加注机活塞

（4）将 新的制动液 加入制动液加注机内，拧紧加注盖。

（5）连接好高压气管，关闭 排气阀门 ，打开 进气阀门 ，将压力调整为 1 bar，如图 4–3–11 所示。

（6）打开制动液加注管上的加注阀门，按右后轮→左后轮→右前轮→左前轮的顺序，进行各制动分泵制动液的排放。

（7）在制动分泵处放置透明容器（俗称废油壶），如图 4–3–12 所示，使用 10 mm 扳手拧松制动分泵排气螺塞，当放出的制动液中没有泡沫时（如果是换液，则是流出新液时），拧紧排气螺塞即完成作业。

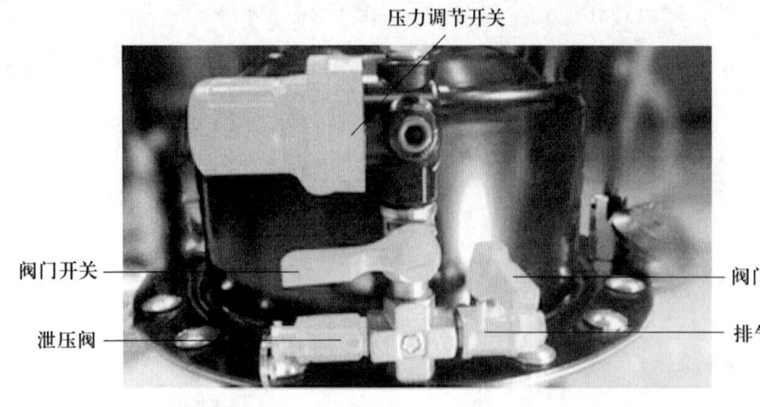

图 4-3-11　制动液加注机操作及压力调整

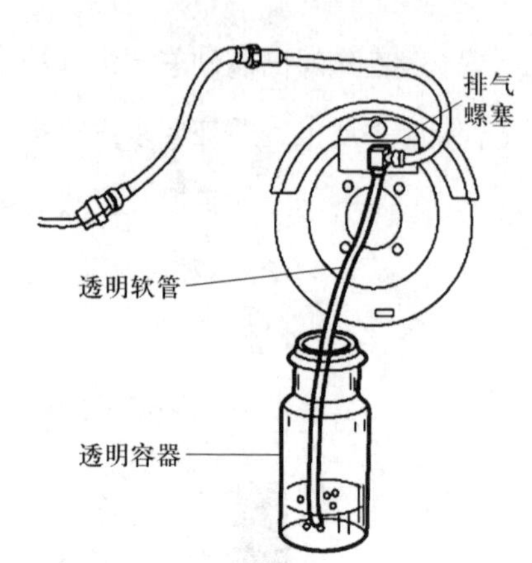

图 4-3-12　透明容器的放置位置

（8）调整制动液储液罐中的制动液液位至__MAX__与__MIN__之间。

五、学习过程评价

学习过程评价见表 4-3-4。

表 4-3-4　学习过程评价表

班级		姓名		学号		日期	年　月　日
序号	评价要点				配分	得分	总评
1	能正确识读和填写工作页，明确学习活动要求				10		A □（86 ~ 100） B □（76 ~ 85） C □（60 ~ 75） D □（60 以下）
2	能查阅资料，写出制动液的作用、型号、选用原则及更换周期				10		
3	能正确使用制动液含水量（率）测试仪器				20		
4	能按照规范完成制动液的检查				10		
5	能按照规范完成制动液的更换				20		
6	能遵守劳动纪律，以积极的态度接受工作任务				10		
7	能积极参与小组讨论，具有团队合作精神				10		
8	能及时完成教师布置的任务				10		
总　分					100		
小结建议							

学习活动 4　制动总泵及真空助力器的检查与更换

学习目标

1. 能描述制动总泵的作用、组成、类型及安装位置。
2. 能描述真空助力器的作用、组成及安装位置。
3. 能完成制动总泵的检查与更换。
4. 能完成真空助力器的检查与更换。

建议学时：4 学时。

学习过程

一、制动总泵的认识

1．制动总泵的作用、组成及安装位置

（1）查阅资料，在图 4–4–1 中写出制动系统各组成部件的名称。

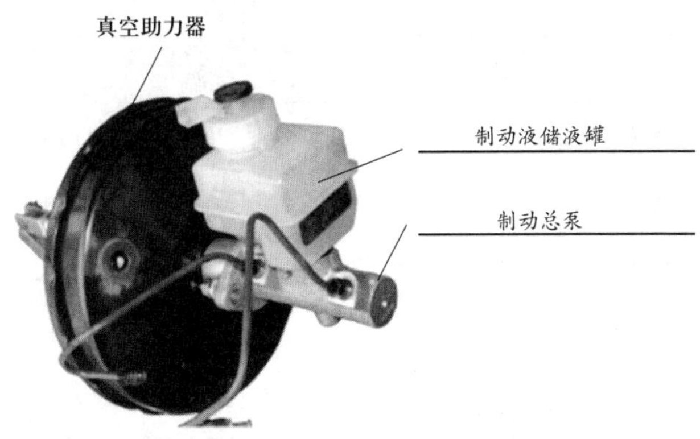

图 4–4–1　制动系统的组成

（2）制动总泵又称__制动主缸__，处于制动踏板与制动管路之间，它的作用是将制动踏板输入的机械力转换为__液压力__，其组成如图 4–4–2 所示。

制动总泵常见故障为制动液泄漏，泄漏可分为内漏和外漏。查阅资料，分析制动总泵内漏、外漏的原因及故障现象，并填入表 4–4–1。

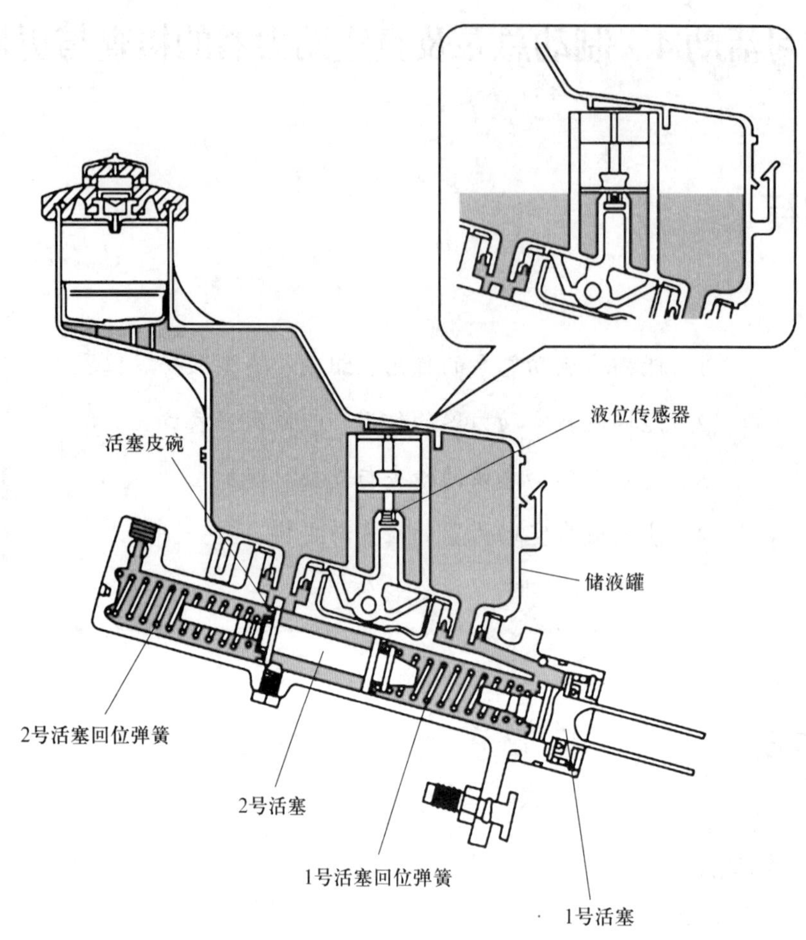

图 4-4-2　制动总泵的组成

表 4-4-1　　制动总泵常见故障

制动液泄漏	故障原因	故障现象
内漏	制动总泵活塞皮碗严重磨损	制动跑偏
	制动总泵活塞皮碗膨胀	制动不回位
外漏	制动总泵与真空助力器连接处漏油	制动效果不良（制动偏软、制动距离长）
	活塞限位螺钉处漏油	制动突然失灵
	缸体有气孔造成外漏	制动偏软

2．制动总泵的类型

根据液压制动传动装置的类型不同，制动总泵可分为＿单管路＿和＿双管路＿两种。目前，＿单管路＿在一般汽车上已很少采用；＿双管路＿中的制动总泵一般采用串联双腔制动总泵，如图 4-4-3 所示。

常见双管路液压制动系统的布置形式有前后分开式（II 型）和对角线分开式（X 型）两种。查阅资料，区分图 4-4-4 所示的布置形式。

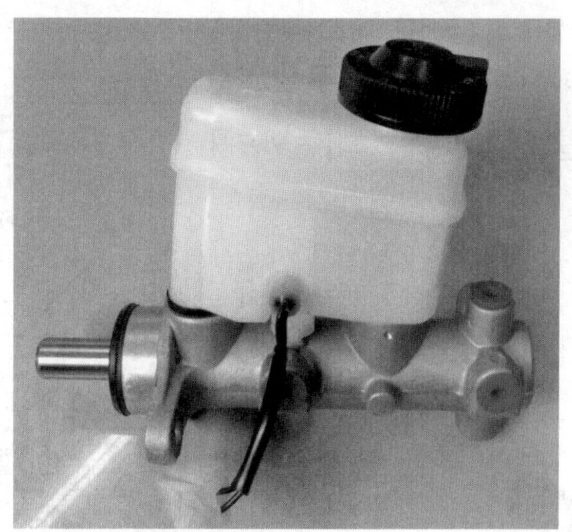

图 4-4-3　串联双腔制动总泵

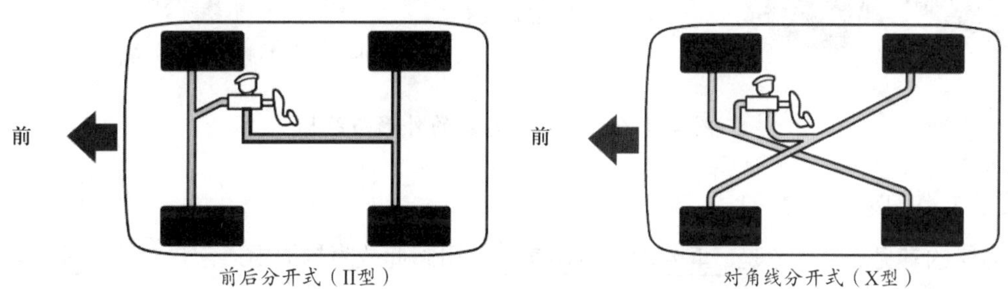

图 4-4-4　常见双管路液压制动系统的布置形式

二、真空助力器的认识

1. 真空助力器的作用

真空助力器的作用是＿利用真空（负压）来增加驾驶员施加于制动踏板上的力＿。

2. 真空助力器的安装位置

真空助力器通常安装在＿制动踏板＿与＿制动总泵＿之间，如图 4-4-5 所示。

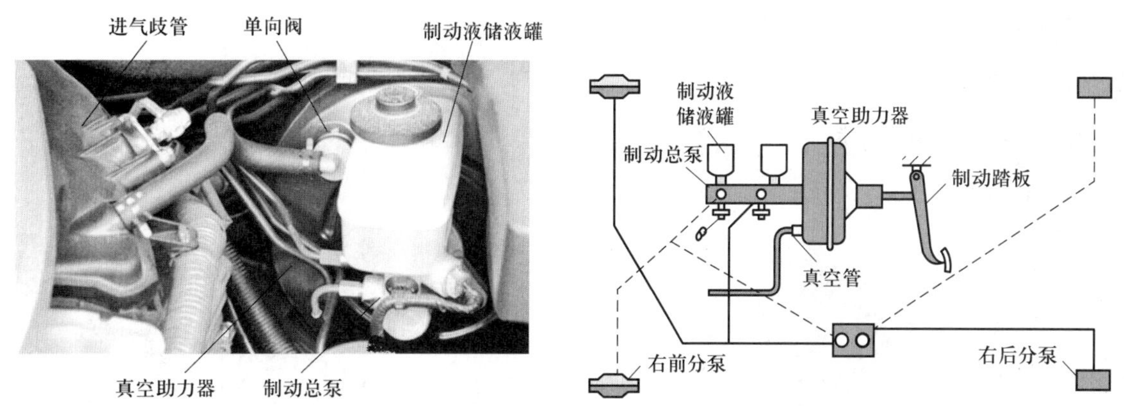

图 4-4-5　真空助力器的安装位置

3．真空助力器的组成

真空助力器的外形与结构如图 4–4–6 所示。真空助力器主要由真空单向阀、气室膜片、膜片回位弹簧、真空阀、空气阀、制动总泵推杆和壳体等组成。其真空部件与<u>制动总泵</u>一起安装，利用<u>空气压力</u>与<u>发动机进气歧管内压力（真空）</u>之间的压力差作为助力源，<u>降低</u>制动所需要的脚踏板力。

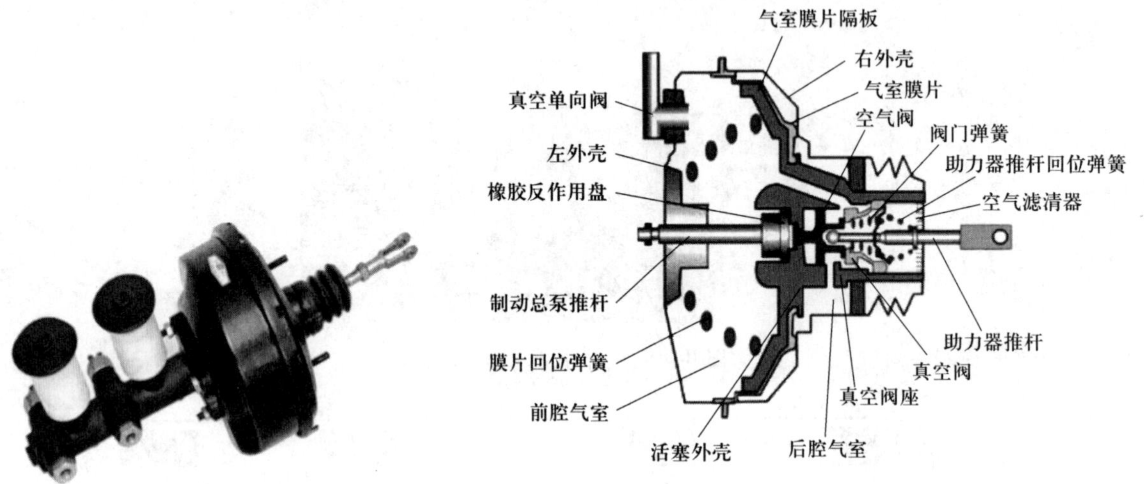

图 4–4–6　真空助力器的外形与结构

4．真空助力器的常见故障

真空助力器的常见故障现象是<u>真空助力器漏气</u>，引起此故障的原因通常是<u>连接进气歧管的真空软管老化或真空助力器内部膜片破损</u>。

三、制动总泵的检查与拆装

1．制动总泵的检查

（1）检查制动液储液罐有无漏油。　　☐有　　☑无

（2）检查制动总泵管路接头有无漏油。　　☐有　　☑无

（3）制动总泵内漏或外漏会导致制动系统产生什么故障？

答：

1）制动跑偏。

2）制动不回位。

3）制动偏软，制动距离长。

4）制动突然失灵。

2．制动总泵的拆装

从真空助力器上拆下制动总泵前，应先确保释放真空助力器真空，再按以下顺序进行拆卸。

（1）拔下储液罐盖，抽出制动液，如图 4–4–7 所示。

是否完成：☑是　　□否。

（2）如图 4–4–8 所示，拔下储液罐上液位开关线束连接器。

是否完成：☑是　　□否。

图 4–4–7　抽出制动液

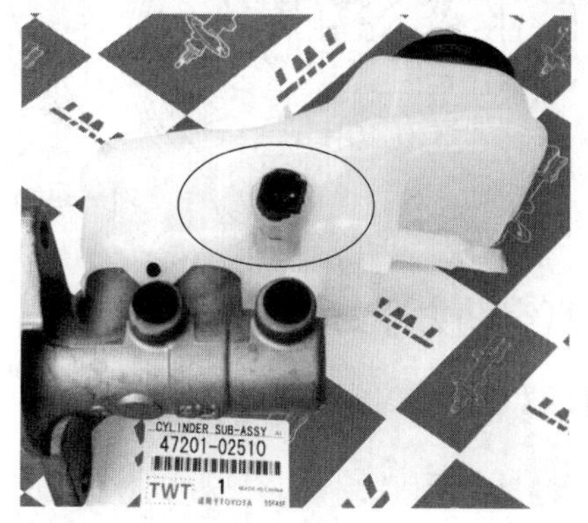

图 4–4–8　拔下储液罐上液位开关线束连接器

（3）如图 4–4–9 所示，使用管接头螺母扳手松开制动总泵管路。

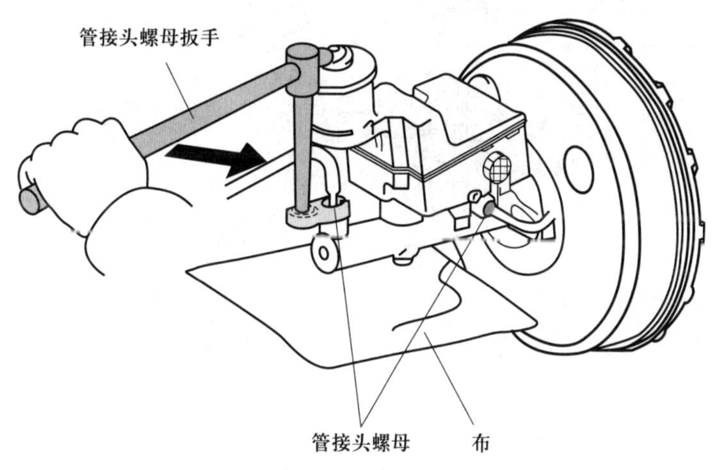

图 4–4–9　松开制动总泵管路

注意：从制动总泵上拆下制动管路时，为了防止制动液溅出，应用毛巾或抹布包住管路。不要弯曲或损坏制动管路，制动管路弯曲会使装配变得困难。

是否完成：☑是　　□否。

（4）如图 4–4–10 所示，拧下制动总泵的两个安装螺母，然后将制动总泵从真空助力器上卸下并取出。

是否完成：☑是　　□否。

安装时按与拆卸时相反的顺序进行。查阅维修手册，制动总泵上两颗固定螺母的紧固力矩为 12.5 N · m。

注意：安装时不要弯曲或损坏制动管路。制动总泵安装后，应对制动踏板自由行程进行检查，并视需要调整；加注制动液，并给制动系统排气。

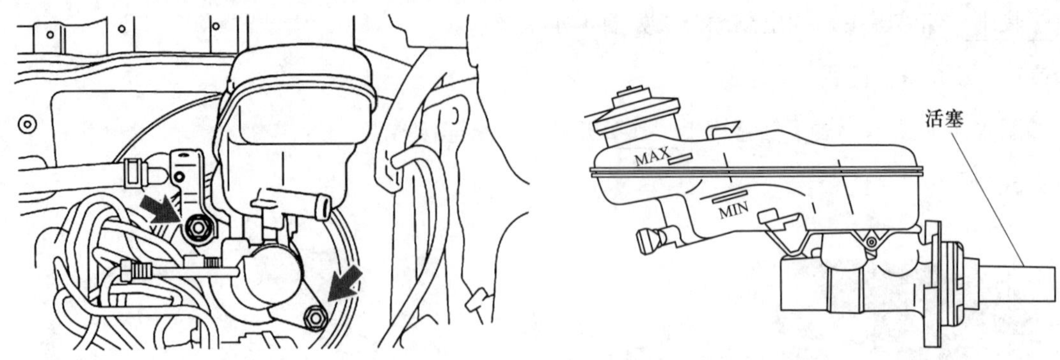

图 4-4-10　卸下并取出制动总泵

四、真空助力器的检查与拆装

1．真空助力器的检查

（1）气密性功能检查

查阅资料，结合图 4-4-11 写出真空助力器气密性功能的检查步骤。

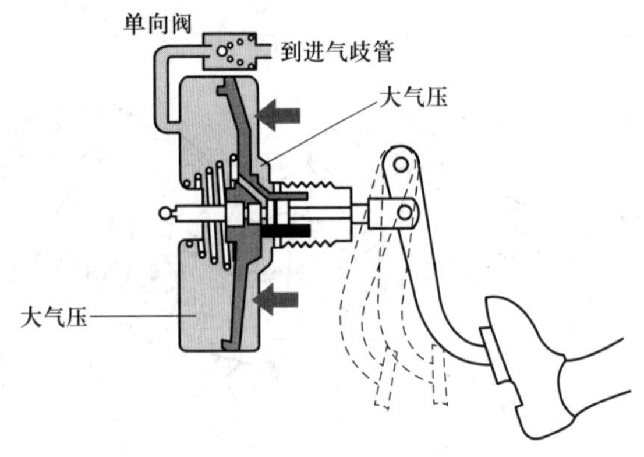

图 4-4-11　气密性功能检查

答：

1）起动发动机并在 1 ~ 2 min 后关闭发动机，慢慢踩下制动踏板数次。如果第一次可以踩到底，但第二次和第三次不能踩到底，说明真空助力器气密性良好。

2）发动机运转时踩下制动踏板以关闭发动机。踩住制动踏板 30 s，如果制动踏板行程余量没有变化，说明真空助力器气密性良好。

（2）真空助力功能检查

查阅资料，结合图 4-4-12 写出真空助力器真空助力功能的检查步骤。

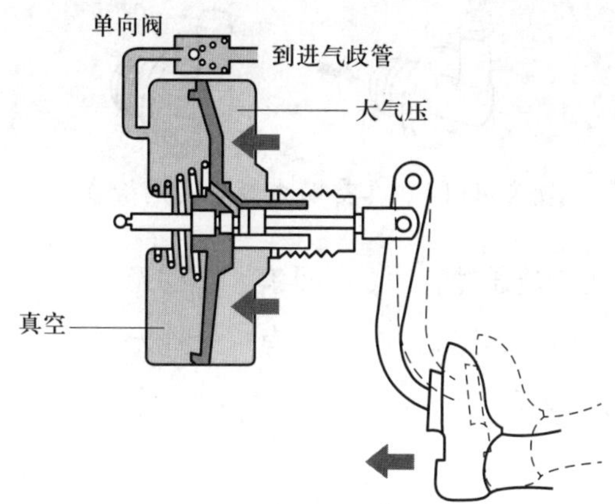

图 4-4-12　真空助力功能检查

答：

1）在发动机起动之前连续踩下制动踏板数次，消除真空助力器的全部残余真空度。

2）踩住制动踏板并起动发动机，检查制动踏板是否下移。如果制动踏板稍稍下移，说明真空助力功能正常。

（3）真空助力器真空检查

查阅资料，结合图 4-4-13 写出真空助力器真空检查的步骤。

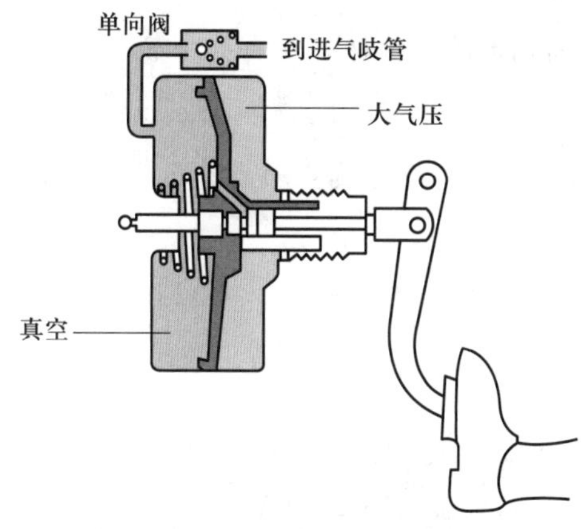

图 4-4-13　真空检查

答：将点火开关置于 OFF 位置时踩下制动踏板数次，检查并确定踩下制动踏板时制动踏板行程余量没有改变。

（4）真空助力器单向阀检查

如图 4-4-14 所示，用气枪对真空助力器单向阀进行检查，并记录检查结果。

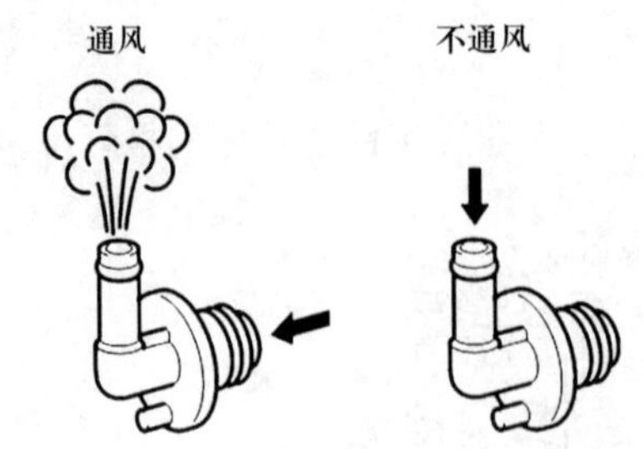

图 4-4-14　真空助力器单向阀检查

1）从真空助力器到发动机有无气流通过。　☑有　□无

2）从发动机到真空助力器有无气流通过。　□有　☑无

检查结论：真空助力器单向阀正常。

2．真空助力器的拆装

（1）真空助力器的拆卸

查阅维修手册并结合实际，写出真空助力器的拆卸步骤。

答：

1）拆卸前刮水器臂和刮水片总成。

2）拆卸前围板上盖板总成。

3）拆卸风窗玻璃刮水器电动机及连杆。

4）排净制动液。

5）拆卸前围外侧板。

6）拆卸空气滤清器总成。

7）断开制动管路，拆卸制动总泵总成。

8）拆卸制动踏板回位弹簧，分离制动总泵推杆 U 形夹并取下。

9）断开真空软管。

10）拆卸真空助力器的 4 个固定螺母，并取下真空助力器总成及衬垫。

（2）安装真空助力器总成

安装时按与拆卸时相反的顺序进行。查阅维修手册，图 4-4-15 所示的真空助力器总成固定螺母的紧固力矩为 13 N·m。

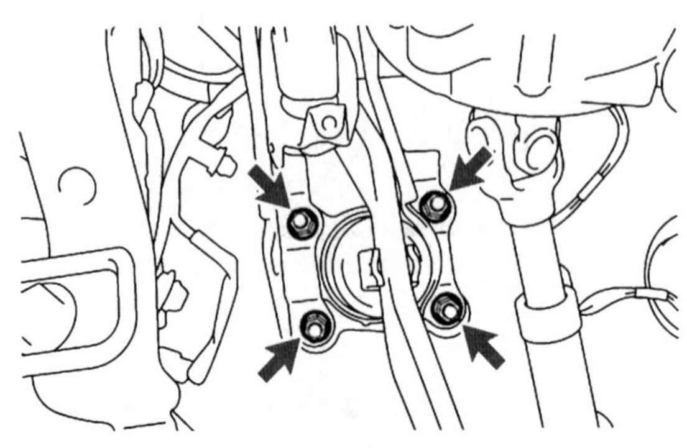

图 4-4-15　紧固真空助力器总成固定螺母

五、学习过程评价

学习过程评价见表 4–4–2。

表 4–4–2　学习过程评价表

班级		姓名		学号		日期	年　月　日
序号	评价要点				配分	得分	总评
1	能正确识读和填写工作页，明确学习活动要求				10		A □（86 ~ 100） B □（76 ~ 85） C □（60 ~ 75） D □（60 以下）
2	能查阅资料，写出制动总泵的作用、组成、类型及安装位置				10		
3	能查阅资料，写出真空助力器的作用、组成及安装位置				10		
4	能按照规范完成制动总泵的检查与拆装				20		
5	能按照规范完成真空助力器的检查与拆装				20		
6	能遵守劳动纪律，以积极的态度接受工作任务				10		
7	能积极参与小组讨论，具有团队合作精神				10		
8	能及时完成教师布置的任务				10		
总　分					100		
小结 建议							

学习活动 5　行车制动器的检查与更换

学习目标

1. 能描述行车制动器的类型与特点。
2. 能描述盘式制动器与鼓式制动器的组成、类型及工作原理。
3. 能完成盘式制动器的拆装与检查。
4. 能完成鼓式制动器的拆装与检查。

建议学时：14 学时。

学习过程

一、行车制动器的类型与特点

1．行车制动器包括<u>盘式</u>制动器和<u>鼓式</u>制动器。

大部分汽车采用<u>前盘后鼓式</u>制动器，不过高级轿车中的前后轮都采用<u>盘式</u>制动器。<u>盘式</u>制动器如图 4–5–1 所示，<u>鼓式</u>制动器如图 4–5–2 所示。

图 4–5–1　<u>盘式</u>制动器

图 4–5–2　<u>鼓式</u>制动器

2．查找资料，分别写出盘式制动器和鼓式制动器的特点。

（1）盘式制动器的特点

答：

1）一般没有摩擦助势作用，因而制动效能受摩擦系数的影响较小，制动效能低但稳定。

2）浸水后制动效能降低较小，水在离心力的作用下很快被甩净，一般只需经一两次制动即可恢复。

3）制动盘和制动分泵暴露在空气中，难以避免尘污和锈蚀。但是盘式制动器散热能力强，制动性能的“热衰退”较轻，热稳定性好。

4）制动盘升温后沿厚度方向的热膨胀比鼓式制动盘的径向热膨胀小得多，间隙自动调整过度问题不易发生，也不会引起制动踏板自由行程过大。

5）结构简单，较容易实现制动间隙的自动调整，维护作业比较简单。

6）因无助势作用，盘式制动器制动效能低，用于液压制动系统时所需制动管路压力较高，一般要使用伺服装置，即需在液压传动装置中加装制动加力装置（如真空助力器）和采用较大的制动分泵。

7）兼用驻车制动时，需要加装的驻车制动装置比较复杂，因而盘式制动器在后轮的应用受到限制。

（2）鼓式制动器的特点

答：

1）有助势作用，使制动系统可以使用较低的油压，或使用直径比制动盘小很多的制动鼓。

2）容易安装驻车制动器，有些后轮采用盘式制动器的车型，会将制动盘中心部位制造成制动鼓，用于安装鼓式制动器的驻车制动结构。

3）零件的制造较为简单，制造成本较低。

4）构造复杂的零件多，制动间隙需要调整，增加了维修成本。

5）鼓式制动器的制动鼓在受热后直径会增大，会造成踩下制动踏板的自由行程加大，容易发生制动反应不如预期的情况。因此，在驾驶采用鼓式制动器的车辆时，要尽量避免连续制动造成高温而产生热衰退现象。

二、行车制动器的组成及工作原理

1．盘式制动器

（1）盘式制动器的组成

盘式制动器（以钳盘式制动器为例）的组成如图 4–5–3 所示，查阅资料，将其各组成部件的名称填写完整。

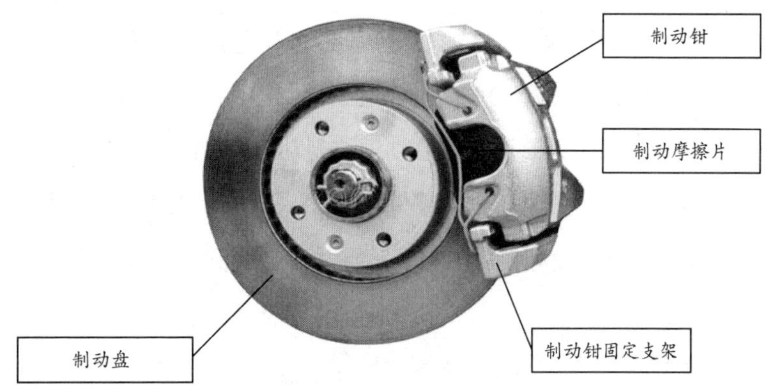

图 4–5–3　盘式制动器的组成

1）制动盘有三种类型，如图 4–5–4 所示，写出相应类型的名称。

a）

b）

c）

图 4–5–4　制动盘的类型

a）__实心型__　b）__通风型__　c）__复合型（带鼓式）__

2）制动摩擦片由__底板__和__摩擦片__组成，通常底板和摩擦片采用铆接或粘接方式连接。为防止制动时由于制动摩擦片振动发出异常噪声，在制动摩擦片与制动分泵活塞之间设有__消声垫片__。

3）很多制动摩擦片上装有磨损报警装置，用来提醒驾驶人员及时更换。该装置传感器主要有__声音式__和__电子式__两种，写出图 4–5–5 和图 4–5–6 所示的类型。

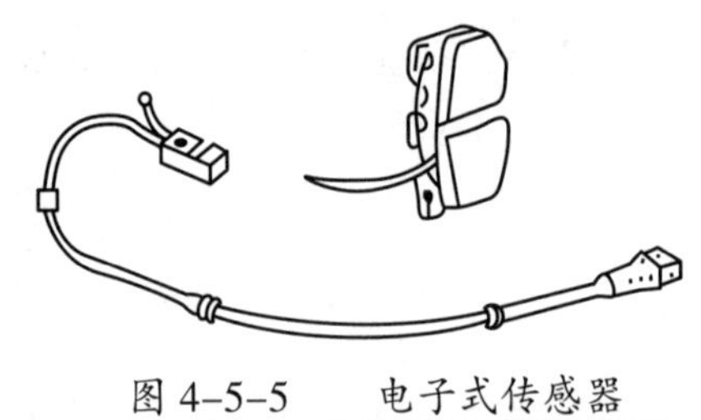

图 4–5–5　__电子式传感器__

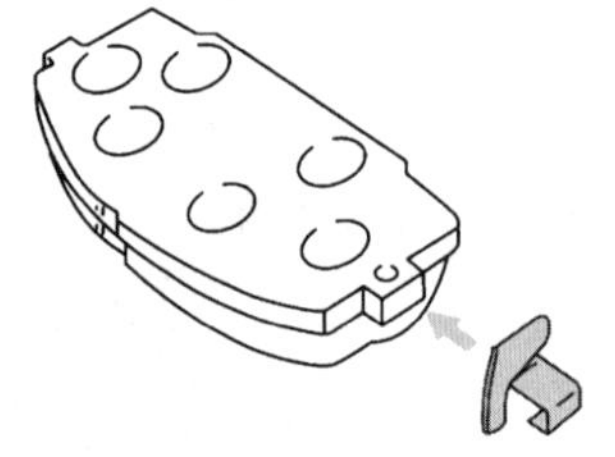

图 4–5–6　__声音式传感器__

（2）盘式制动器的类型

盘式制动器根据其固定元件的结构形式可分为钳盘式制动器和全盘式制动器。由__制动盘__和__制动钳__组成的制动器称为钳盘式制动器。钳盘式制动器按制动钳固定在支架上的结构形式又可分为__定钳盘式__和__浮钳盘式__两类。2014 年款丰田卡罗拉 1.6 GL 轿车上使用__浮钳盘式__制动器。

（3）盘式制动器的工作原理

1）定钳盘式制动器

定钳盘式制动器的组成及工作原理如图 4–5–7 所示。制动钳总成直接安装在__车架__或__转向节__上，每个制动片由一个活塞推动。__制动盘__固定在轮毂上；__制动钳__固定在车桥上，它不能旋转，也不能沿制动盘轴线方向移动。制动钳内装有两个分泵活塞，分别压住制动盘两侧的__制动摩擦片__。

制动时，制动液由__制动总泵__经进油口进入钳体中两个相通的液压腔中，将两侧的制动摩擦片压向与车轮固定连接的__制动盘__，从而进行制动。

2）浮钳盘式制动器

在浮钳盘式制动器中，制动钳的壳体允许在支架上轻微__滑动__。只有一侧有__活塞__，另一侧只有一个制动摩擦片。

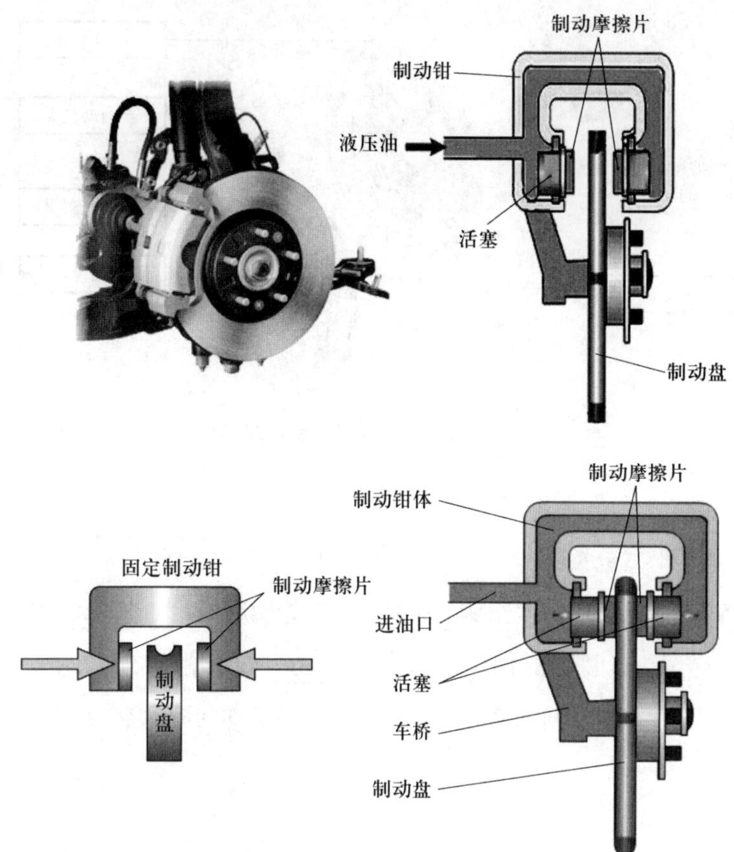

图 4–5–7 定钳盘式制动器的组成及工作原理

浮钳盘式制动器的组成及工作原理如图 4–5–8 所示。制动时，液压油通过进油口进入制动油缸，推动活塞及其上的摩擦片向右移动，并压到<u>制动盘</u>上，并使油缸连同制动钳整体沿销钉向左移动，直到制动盘右侧的制动摩擦片也压到制动盘上夹住<u>制动盘</u>并使其制动。

2．鼓式制动器

（1）鼓式制动器的组成

鼓式制动器的组成如图 4–5–9 所示，查阅资料，将其各组成部件的名称填写完整。

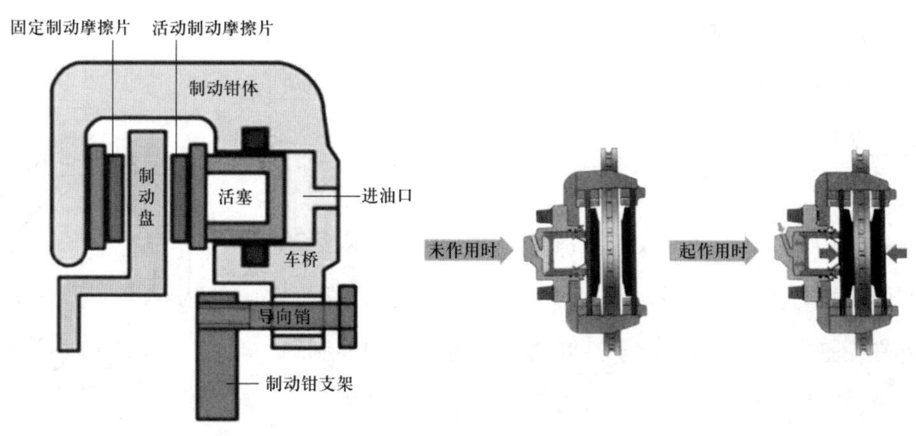

图 4–5–8 浮钳盘式制动器的组成及工作原理

图 4-5-9　鼓式制动器的组成

（2）鼓式制动器的类型

1）按制动蹄促动装置的形式分类

鼓式制动器按制动蹄促动装置的形式可分为＿轮缸式＿车轮制动器和＿凸轮式＿车轮制动器，前者以＿液压轮缸＿作为制动蹄促动装置（见图 4-5-10），后者以＿凸轮＿作为制动蹄促动装置（见图 4-5-11）。＿凸轮式＿车轮制动器一般用在具有气压制动系统的汽车上，而且大多设计成领从蹄式。制动轮缸也称制动分泵。

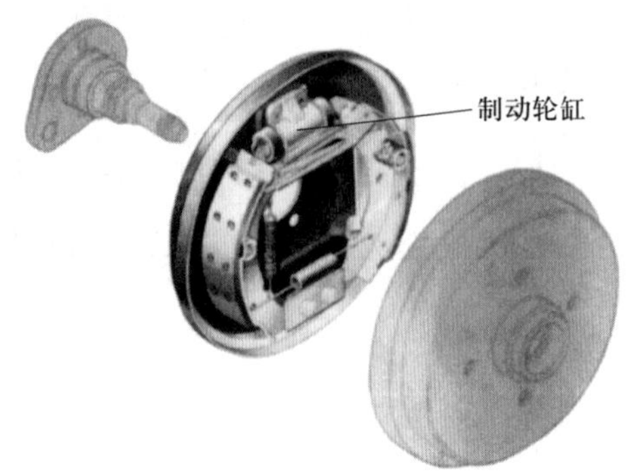

图 4-5-10　轮缸式车轮制动器

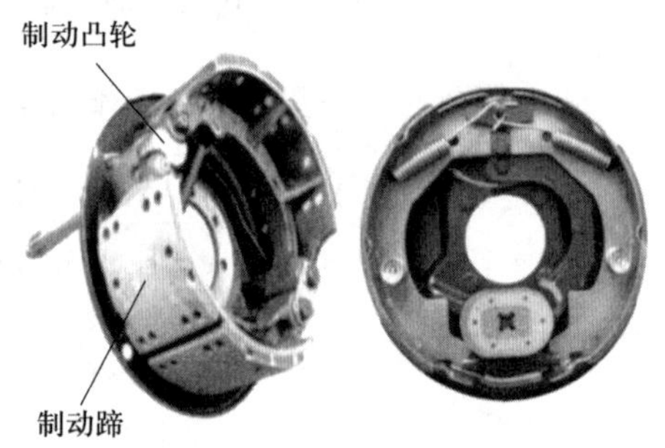

图 4-5-11　凸轮式车轮制动器

2）按制动蹄的受力情况不同分类

鼓式制动器按制动蹄的受力情况不同可分为＿领从蹄式＿、＿双领蹄式＿和＿自动增力式＿等。

①领从蹄式制动器

领从蹄式制动器如图 4-5-12 所示，制动蹄促动装置为一个双活塞轮缸，制动蹄在弹簧拉力作用下与轮缸活塞靠紧。两个制动蹄各有一个支点，一个蹄在轮缸促动力作用下张开，前进时的旋转方向与制动鼓的旋转方向一致，称为＿领蹄＿；另一个蹄张开时的旋转方向与制动鼓的旋转方向相反，称为＿从蹄＿。领蹄在摩擦力的作用下，蹄与

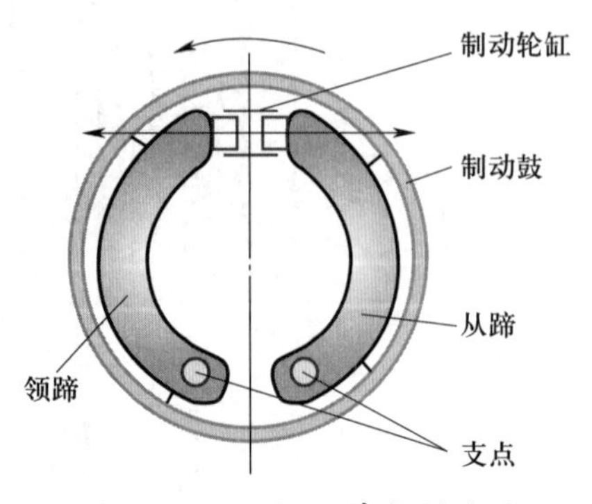

图 4-5-12　领从蹄式制动器

鼓之间的正压力较大，制动作用较强。从蹄在摩擦力的作用下，蹄与鼓之间的正压力较小，制动作用较弱。

②双领蹄式制动器

双领蹄式制动器又分为＿单向＿双领蹄式和＿双向＿双领蹄式两种。

a．＿单向＿双领蹄式制动器

＿单向＿双领蹄式制动器（见图 4-5-13）的两个制动蹄各用一个单向活塞制动轮缸，且前后制动蹄与其轮缸、调整凸轮等零件在制动底板上的布置是中心对称的，两轮缸用油管连接。

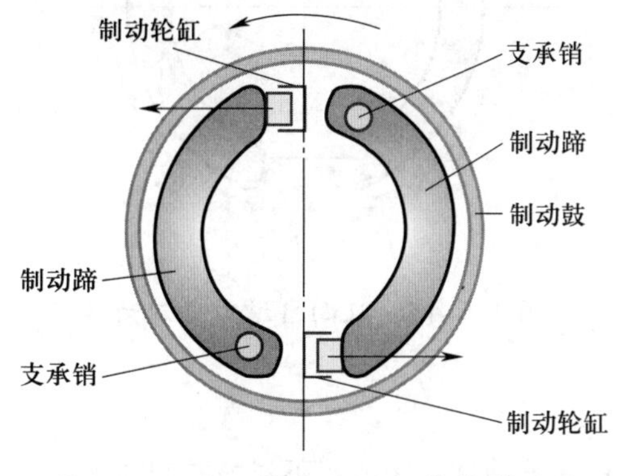

图 4-5-13 ＿单向＿双领蹄式制动器

其性能特点：汽车前进制动时两蹄均为＿领蹄＿，有较强的增力；倒车制动时两蹄均为＿从蹄＿，制动力较小。

b．＿双向＿双领蹄式制动器

＿双向＿双领蹄式制动器（见图 4-5-14）使用了两个双活塞轮缸，制动蹄、制动轮缸、回位弹簧均对称布置，两个制动蹄的两端采用浮式支撑，且支点在径向位置浮动，用回位弹簧拉紧。

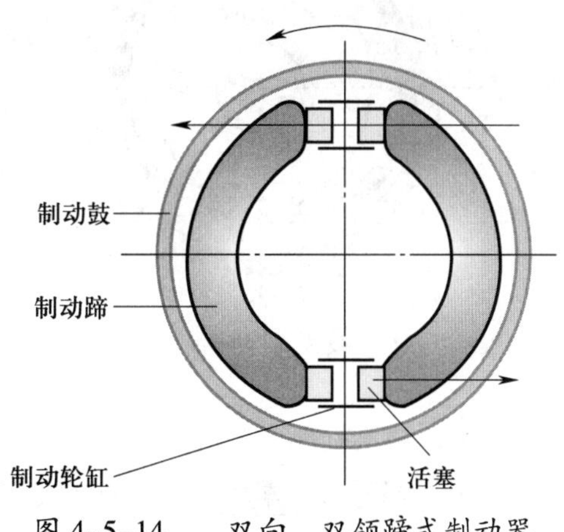

图 4-5-14 ＿双向＿双领蹄式制动器

其性能特点：汽车前进或倒车制动时，两个制动蹄均为＿领蹄＿，均有较强的增力，制动效果好，蹄片磨损均匀。

③双向自增力式制动器

双向自增力式制动器（见图 4-5-15）采用一个＿双活塞轮缸＿，两个制动蹄上端贴靠在一个支承销上，下端分别浮支在浮动顶杆的两端。其工作特点是制动鼓正向和反向旋转时均能借蹄与鼓的摩擦起＿自动增力＿作用，其制动效能＿对称＿。

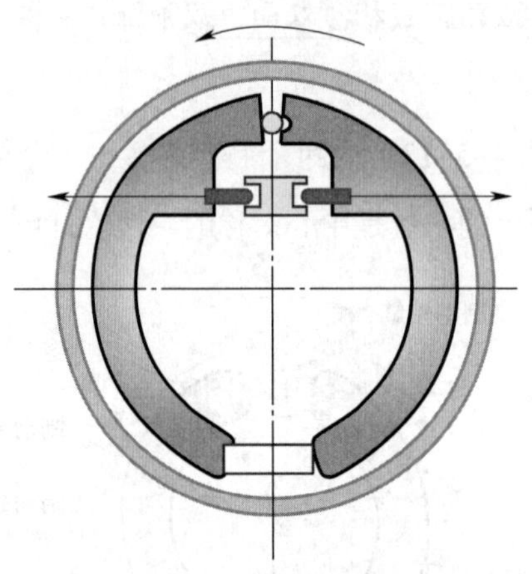

图 4-5-15　双向自增力式制动器

（3）鼓式制动器的工作原理

图 4-5-16 所示为鼓式制动器的工作原理，完成以下对鼓式制动器工作原理的认知。

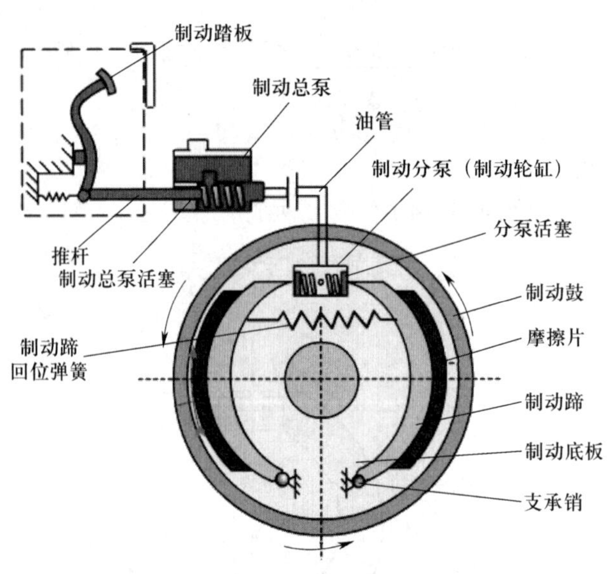

图 4-5-16　鼓式制动器的工作原理

1）制动系统＿不工作＿时

＿制动鼓＿与＿制动蹄＿之间保持一定的间隙，＿车轮＿和＿制动鼓＿可自由旋转。

2）制动时

想要汽车减速，驾驶员需＿踩下制动踏板＿。踩下制动踏板，通过推杆和制动总泵（也称制动主缸）活塞，使主缸油液在一定压力下流入轮缸，并通过两个轮缸的活塞推动两个制动蹄绕支承销转动，上端向两边分开而以其摩擦片压紧在制动鼓的内圆面上。不旋转的＿制动蹄＿对旋转的＿制动鼓＿产生一个摩擦力矩，从而产生＿制动力＿。

3）放松制动踏板时

放松制动踏板时，制动蹄 回位弹簧 即将制动蹄拉回原位，摩擦力矩和制动力消失， 制动作用 解除。

三、盘式制动器的拆装与检查

1．制动摩擦片的拆装与检查

（1）制动摩擦片的拆卸

1）使用 轮胎扳手对角 松开车轮螺栓，举升车辆，拆卸车轮，如图 4–5–17 所示。

2）拆下制动分泵固定螺栓，如图 4–5–18 所示。

图 4–5–17　拆卸车轮

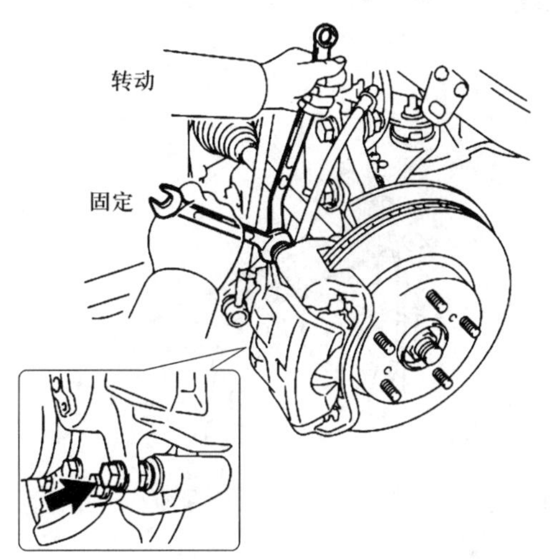

图 4–5–18　拆下制动分泵固定螺栓

选用工具： 14 mm 套筒扳手和 17 mm 活扳手 。

更换制动摩擦片时只需拆下制动分泵 底部 的安装螺栓。

3） 翻转 制动钳，如图 4–5–19 所示。

4）取下制动摩擦片及附件，如图 4–5–20 所示。

写出图 4–5–20 中各部件的名称：① 制动摩擦片 ，② 消音垫片 。

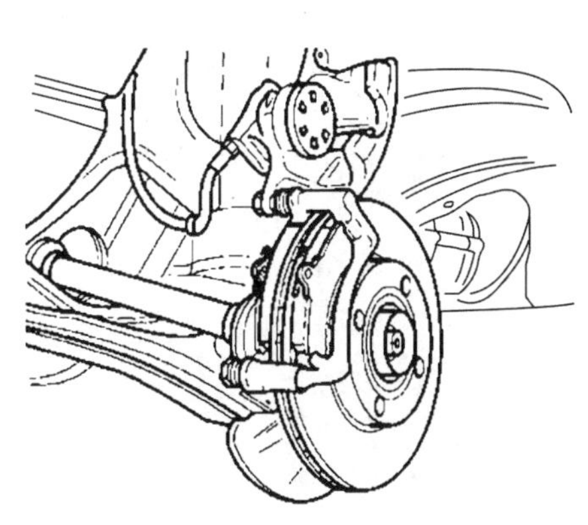

图 4–5–19　 翻转 制动钳

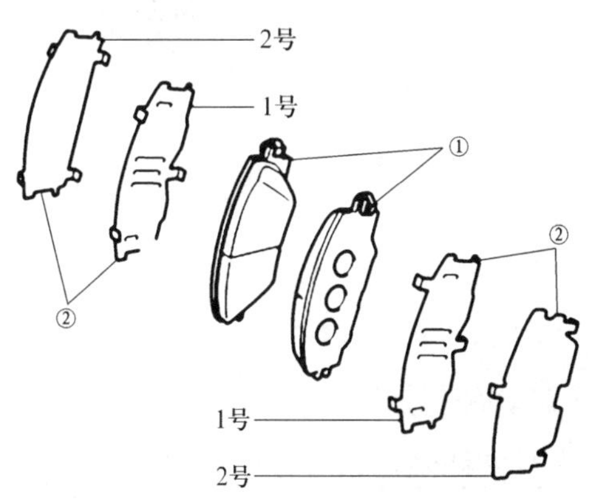

图 4–5–20　制动摩擦片及附件

（2）制动摩擦片的检查

1）测量制动摩擦片的厚度。

测量制动摩擦片的厚度时所用量具是 直尺 。

测量制动摩擦片的厚度如图 4–5–21 所示，所测得的制动摩擦片厚度为 11 mm 。查阅维修手册，标准厚度为 12 mm ，磨损极限厚度为 1 mm 。

2）制动摩擦片磨损均匀情况的检查：内侧磨损□　外侧磨损□　弯曲□　断裂□。

一个车桥上的制动摩擦片必须同时更换，因为 要保证内外侧制动力一致 。

（3）制动摩擦片的更换

1）新摩擦片比旧摩擦片 厚 ，必须使用制动分泵 活塞压入工具 将活塞压入，如图 4–5–22 所示。

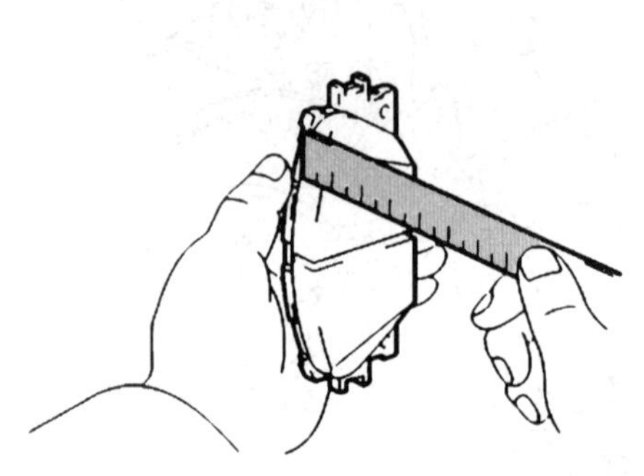

图 4–5–21　测量制动摩擦片的厚度

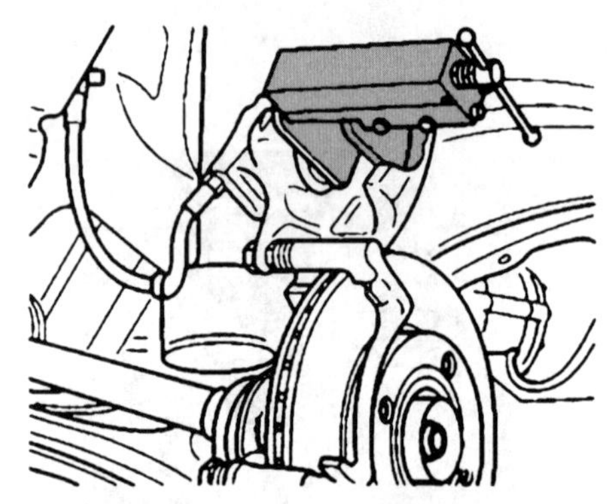

图 4–5–22　压入制动分泵活塞

2）安装 衬块支撑片 及 制动摩擦片 ，如图 4–5–23 所示。

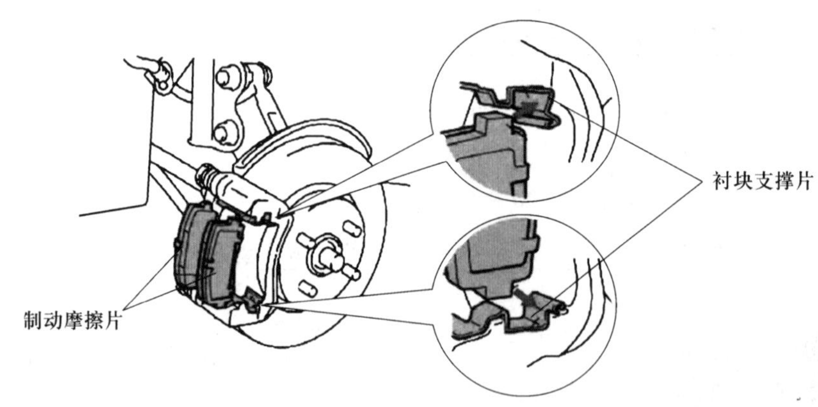

图 4–5–23　安装 衬块支撑片 及 制动摩擦片

3）安装制动分泵。查阅维修手册，制动分泵固定螺栓拧紧力矩为 34 N · m。

2．制动盘的拆装与检查

（1）制动盘的拆装

1） 拆下制动分泵 ，如图 4–5–24 所示。

2）从 转向节 上拆下 2 个螺栓和前盘式制动器制动分泵固定架，如图 4–5–25 所示。

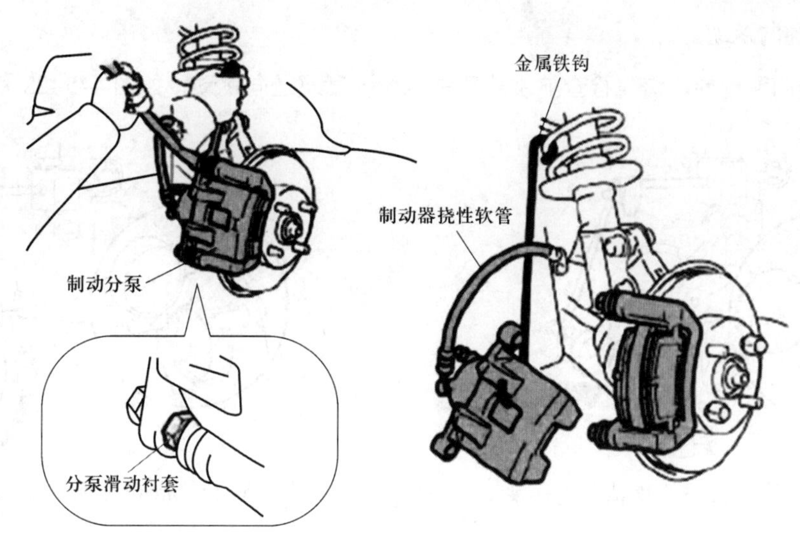

图 4-5-24　拆下制动分泵

选用工具是 17 mm 套筒扳手 。

3）在 制动盘 和 车桥轮毂 上做好装配标记，取下前制动盘，如图 4-5-26 所示。

制动盘的安装按照与拆卸相反的顺序进行。查阅维修手册，前盘式制动器制动分泵固定架上 2 个螺栓的拧紧力矩是 107 N · m。

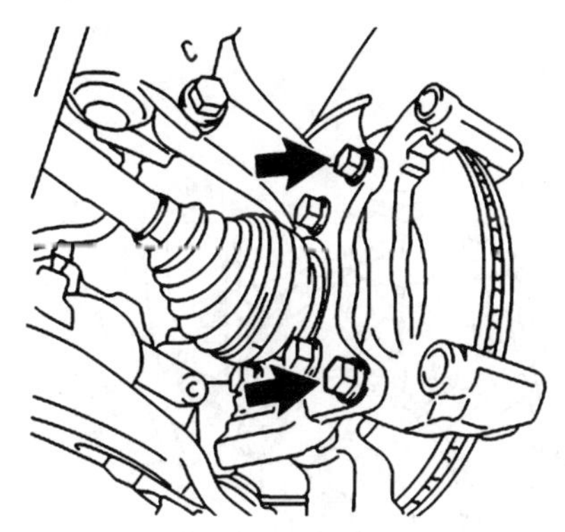

图 4-5-25　拆下制动分泵 2 个螺栓

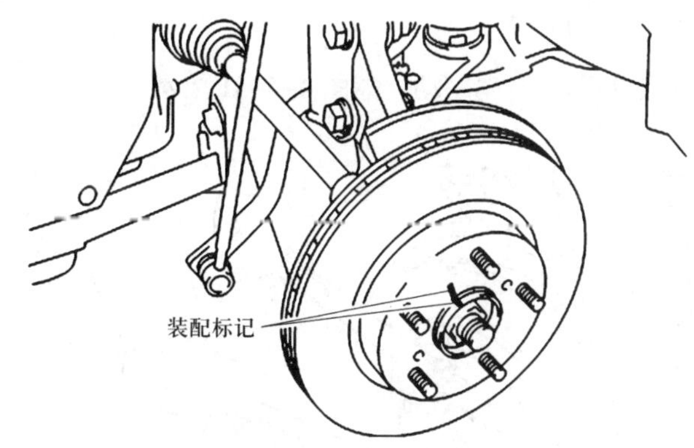

图 4-5-26　做装配标记

（2）制动盘的检查

1）检查制动盘：沟槽☒　锈迹☒　异常磨损☒　裂纹☒　其他损坏☒（说明：若有在□里打√，若无在□里打 ×）。

2）检查制动盘的厚度，如图 4-5-27 所示。

①选用量具是 外径千分尺 。

②查阅维修手册，该车制动盘厚度测量位置在距 外缘 10 mm 处 ，制动盘标准厚度为 22 mm ，磨损极限厚度为 19 mm 。如果制动盘厚度小于极限厚度，则应 更换制动盘 。

③测得该车制动盘的实际厚度为 22 mm （☑ 正常　　□不正常）。

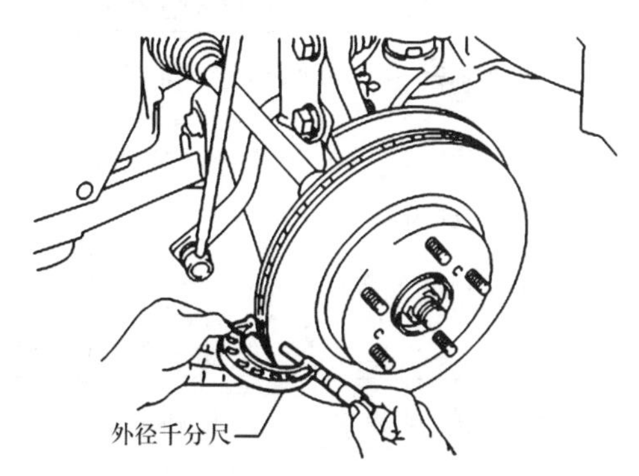

图 4-5-27　检查制动盘的厚度

3）检查制动盘径向跳动

①检查制动盘径向跳动前，需先检查前桥轮毂轴承松弛度及径向跳动，如图 4–5–28 和图 4–5–29 所示。

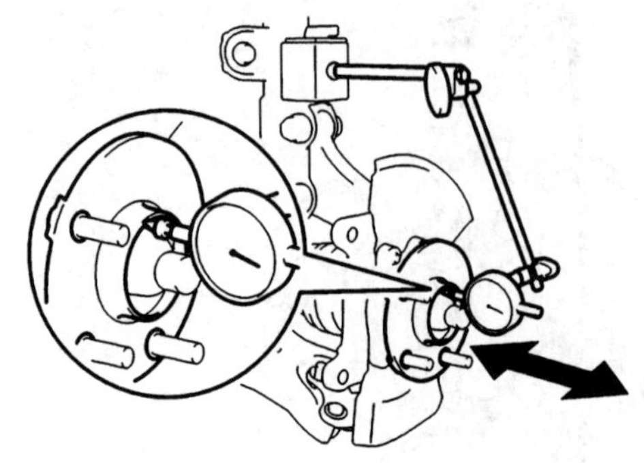
图 4–5–28　检查前桥轮毂轴承松弛度

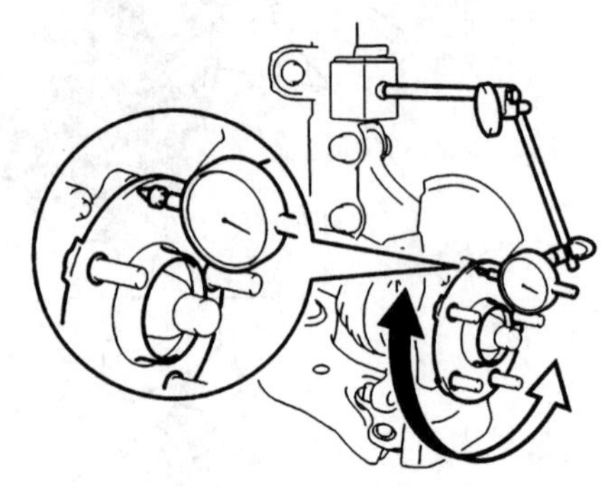
图 4–5–29　检查前桥轮毂轴承径向跳动

选用量具是 磁性表座和百分表 。查阅维修手册，前桥轮毂轴承松弛度标准 最大为 0.05 mm ，如果前桥轮毂轴承松弛度超出极限值，可采用的修理方式是 更换前桥轮毂分总成 。前桥轮毂轴承径向跳动标准 最大为 0.05 mm ，如果前桥轮毂轴承径向跳动超出极限值，可采用的修理方式是 更换前桥轮毂分总成 。

②用专用工具固定制动盘，并用 2 个螺母紧固制动盘，如图 4–5–30 所示。查阅维修手册，2 个螺母的拧紧力矩为 103 N · m。

③检查制动盘径向跳动，如图 4–5–31 所示。

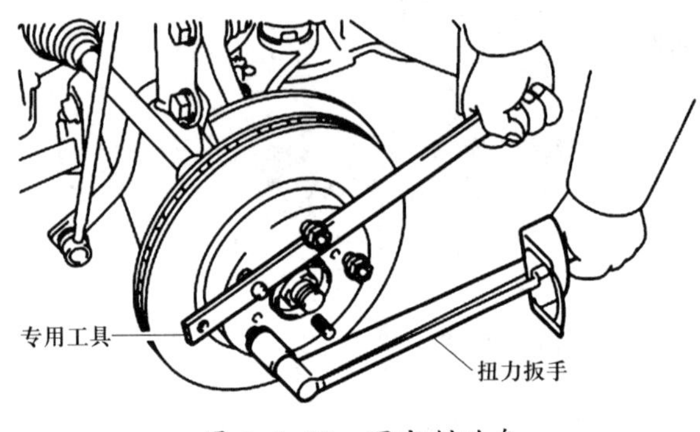

图 4–5–30　固定制动盘

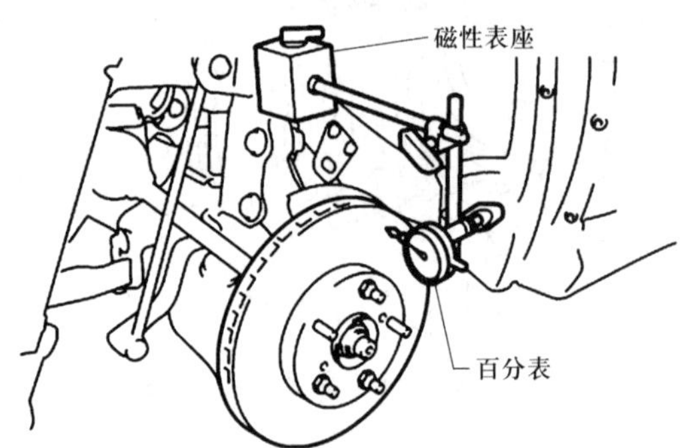

图 4–5–31　检查制动盘径向跳动

选用量具是 磁性表座和百分表 。查阅维修手册，该车用 百分表 在距离前制动盘 外缘 10 mm 的位置测量制动盘的径向跳动，制动盘最大径向跳动是 0.05 mm 。如果制动盘径向跳动超出极限值，而且制动盘的厚度在正常范围内，可采用的修理方式是 研磨制动盘 。

3．制动分泵的分解与检查

（1）制动分泵的分解

1）用 旋具 拆下制动分泵 防尘罩定位环 和 制动分泵防尘罩 ，如图 4–5–32 所示。

2）用 压缩空气 从制动分泵壳体内压出活塞，如图 4–5–33 所示。压出活塞时，在活塞凹槽处放一块木块或抹布，以免损坏活塞。使用 压缩空气 时不要将手指放在活塞 前面 。

3）从盘式制动器制动分泵上拆下活塞密封圈时应注意，若使用＿旋具＿等有刃口的工具，需要缠上＿聚氯乙烯绝缘带＿，不要损坏制动缸内表面或活塞密封凹槽，如图 4-5-34 所示。

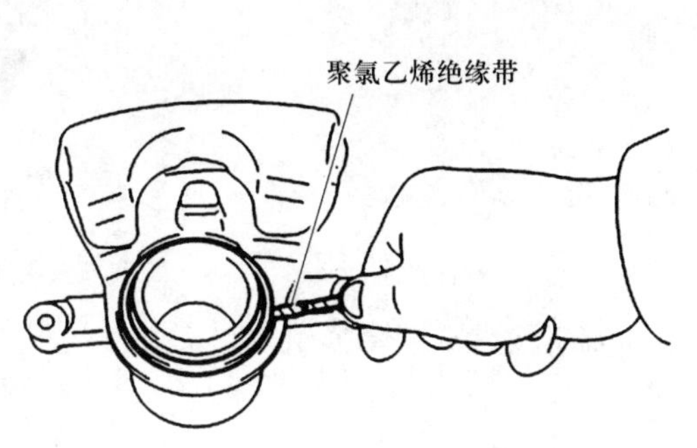

图 4-5-32　＿拆卸制动分泵防尘罩＿

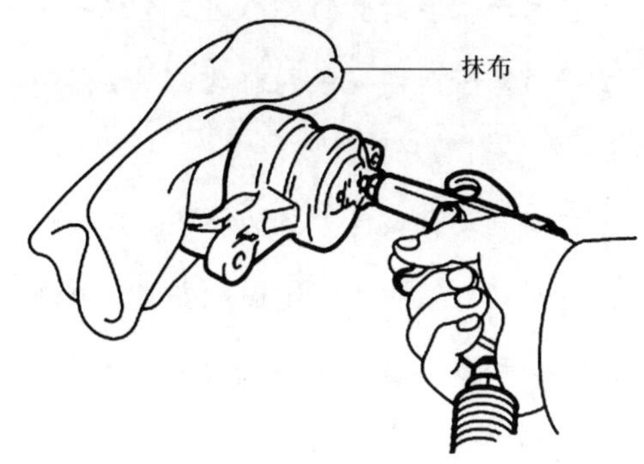

图 4-5-33　＿压出制动分泵活塞＿

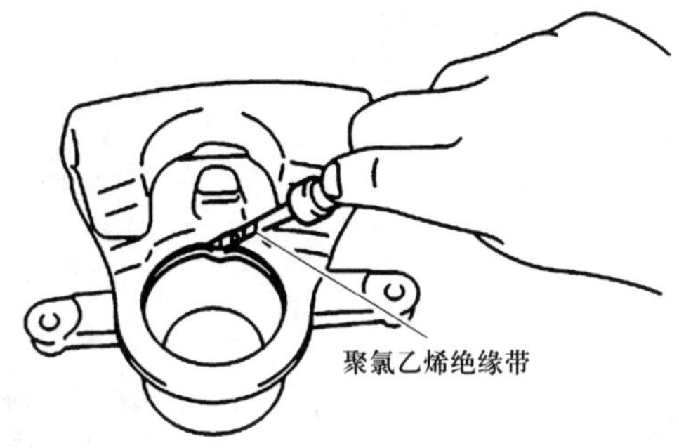

图 4-5-34　＿拆卸活塞密封圈＿

4）图 4-5-35 所示为制动分泵的分解图。

（2）制动分泵的检查

检查＿制动分泵＿和＿活塞＿是否生锈或有划痕，如有必要，更换＿制动分泵总成＿。

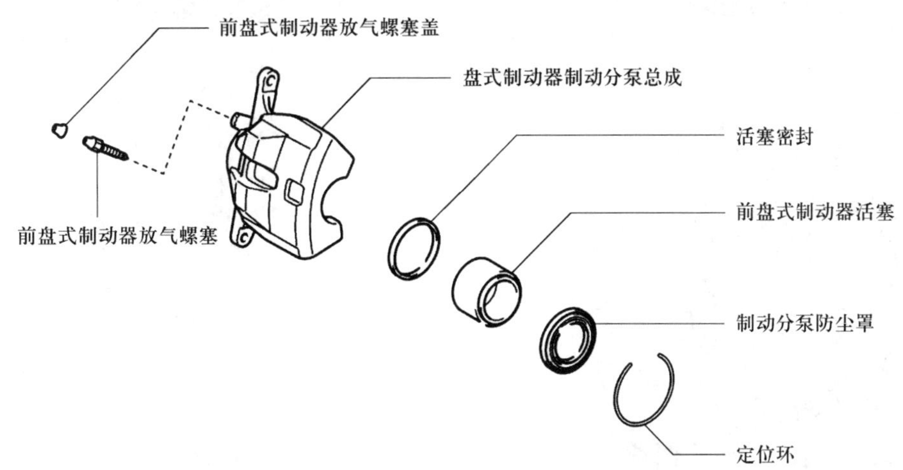

图 4-5-35　制动分泵的分解图

（3）制动分泵的装配

查阅资料并结合实际，写出制动分泵的装配步骤。

答：

1）安装活塞密封圈

①在新活塞密封圈的整个圆周涂抹一薄层锂皂基乙二醇润滑脂。

②将活塞密封圈安装到前盘式制动器制动分泵的凹槽内。

2）安装制动分泵活塞

①在新制动分泵防尘罩的整个圆周涂抹一薄层锂皂基乙二醇润滑脂。

②将制动分泵防尘罩牢固地安装到制动器活塞凹槽内。

③在制动器活塞的接触表面涂抹一薄层锂皂基乙二醇润滑脂，并将其安装到制动器制动分泵上。

3）安装制动分泵防尘罩

①将制动分泵防尘罩牢固地安装到制动器制动分泵和制动器活塞的凹槽内。

②使用头部缠有保护胶带的旋具，安装新的定位环。

四、鼓式制动器的拆装与检查

1．鼓式制动器的拆装

查阅资料，根据图 4–5–36 写出鼓式制动器的拆装步骤。

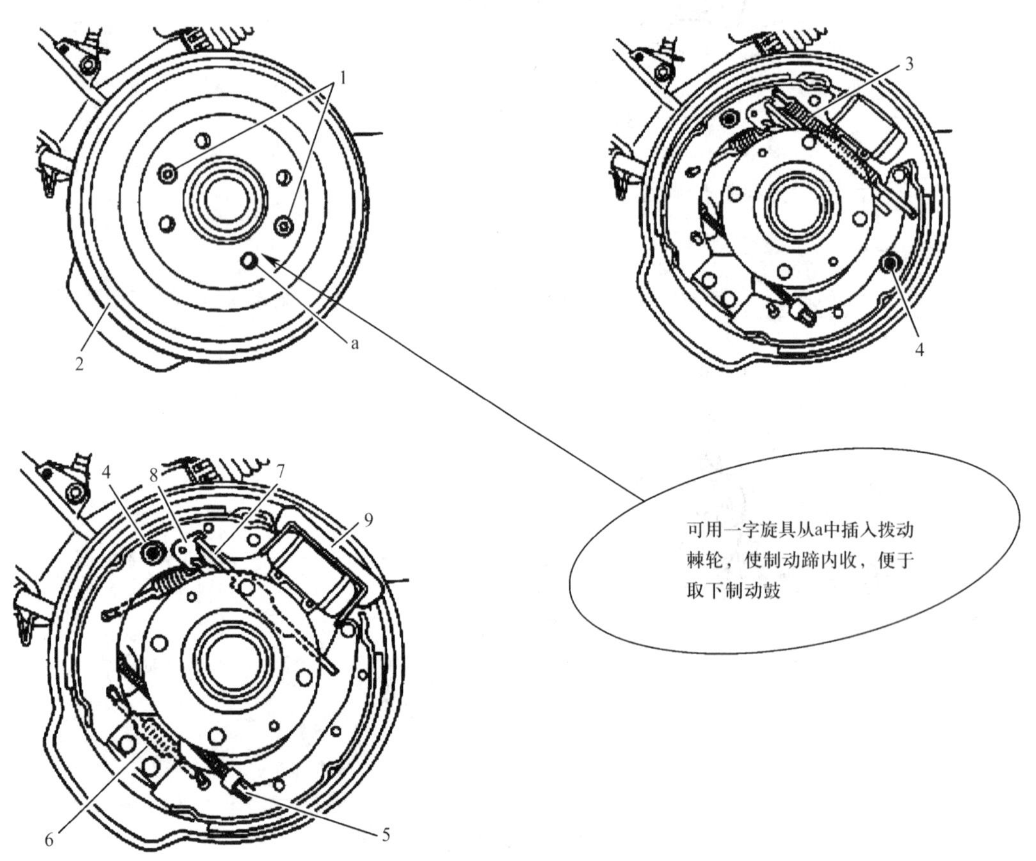

图 4–5–36　鼓式制动器的拆装

1— 制动鼓保险螺丝　2— 制动鼓　3— 张紧弹簧　4— 蹄片定位弹簧锁片　5— 驻车制动拉索

6— 回位弹簧　7— 驻车制动蹄片支柱　8— 制动自动调整拉杆　9— 制动分泵

拆卸步骤：

第一步：松开车轮螺栓，举升车辆，拆卸车轮，松开驻车制动拉索（注意车辆支承点）。

第二步：拆下制动鼓。如果不能轻易拆下制动鼓，进行下列操作：（1）拆下孔塞，经背板插入一把一字旋具，使制动自动调整拉杆与调整器分开。（2）用另一把一字旋具转动调整轮来减少调整器的长度使制动蹄内收。

第三步：分离驻车制动蹄片支柱。

第四步：拆卸前制动蹄。（1）用专用工具拆下端帽和制动蹄定位弹簧及销。（2）脱开回位弹簧后将前制动蹄拆下。（3）拆下驻车制动蹄片支柱。

第五步：拆下制动自动调整拉杆。

第六步：拆下后制动蹄。（1）用专用工具拆下端帽和制动蹄定位弹簧及销。（2）用尖嘴钳从驻车制动拉杆上拆下驻车制动拉索。

第七步：拆卸驻车制动蹄拉杆附件（用一字旋具拆下 C 形垫片和驻车制动蹄拉杆）。

安装步骤：

第一步：安装驻车制动蹄拉杆附件（加装一个新的 C 形垫片后安装驻车制动蹄拉杆）。

第二步：安装后制动蹄。（1）用尖嘴钳将驻车制动拉索连接在驻车制动拉杆上。（2）用专用工具安装后制动蹄、销、蹄片定位弹簧和定位弹簧帽。

第三步：安装制动蹄回位弹簧（将回位弹簧安装到制动蹄上）。

第四步：安装制动自动调整拉杆。

第五步：安装驻车制动蹄片支柱（在调整螺栓上涂抹耐高温润滑脂）。

第六步：安装前制动蹄。（1）将回位弹簧安装到前制动蹄上。（2）用专用工具装入前制动蹄、销、蹄片定位弹簧和定位弹簧帽。

第七步：安装驻车制动蹄片支柱（用专用工具将张紧弹簧连接到前、后制动蹄上）。

第八步：安装制动鼓。（1）检查每个零件是否安装正确。（2）测量制动鼓内径和制动蹄直径，检查两者之差是否正确，制动蹄间隙为 0.6 mm。

第九步：调整制动鼓蹄片间隙。（1）临时装上 2 个轮毂螺母。（2）回转调整器 8 个齿。（3）安装孔塞。

2．鼓式制动器的检查

（1）制动鼓的检查

1）外观检查

检查制动鼓制动表面：划痕☒　凹槽☒　裂纹☒　缺陷☒　其他磨损☒（在对应的□里打√或×）。

2）测量制动鼓内径

测量制动鼓内径时采用的量具是＿游标卡尺＿，如图 4-5-37 所示。查阅资料，＿丰田威驰＿轿车的制动鼓内径标准值为 200 mm ，上极限尺寸为 201 mm ，所测得的制动鼓的内径值为 200.2 mm ，处理意见： 仍可继续使用 。

图 4–5–37　测量制动鼓内径

3）蹄鼓接触面积的检查

如果鼓式制动器的制动蹄与制动鼓的接触面积大，接触完整，则制动效果较好；反之，会出现制动不良的情况。

查阅资料，写出制动蹄与制动鼓接触面积的检查步骤。

答：

①在制动鼓内部摩擦面上均匀地涂上一层白粉笔记号。

②将制动蹄在制动鼓内贴合转动 1 周。

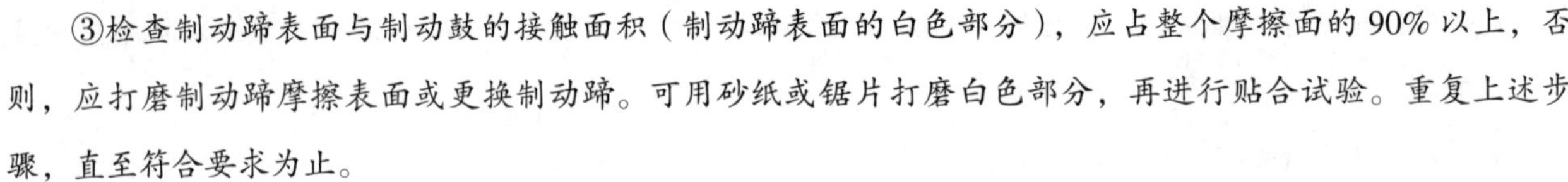

③检查制动蹄表面与制动鼓的接触面积（制动蹄表面的白色部分），应占整个摩擦面的 90% 以上，否则，应打磨制动蹄摩擦表面或更换制动蹄。可用砂纸或锯片打磨白色部分，再进行贴合试验。重复上述步骤，直至符合要求为止。

（2）制动分泵的检查

如图 4–5–38 所示，检查制动分泵处 有无漏油 ，制动分泵 防尘套 有无损坏。若有，应更换新的制动分泵。

（3）制动蹄片的检查

1）外观检查

如图 4–5–39 所示，检查制动蹄片有无 损坏 、 裂纹 、 变形 等，有无被 制动液 或 油脂 污损。若有，应更换新件。

图 4–5–38　检查制动分泵

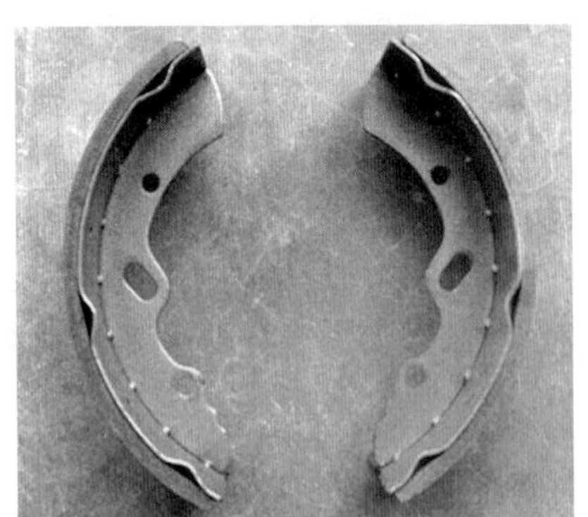

图 4–5–39　制动蹄片外观检查

2）检查制动蹄片厚度

如图 4–5–40 所示，用 游标卡尺 测量制动蹄片厚度。查阅资料， 丰田威驰 轿车制动蹄片标准厚度为 4 mm ，最小厚度为 1 mm ，铆钉与摩擦片表面距离不得小于 1 mm。所测得的制动蹄片厚度为 3 mm ，处理意见： 仍可继续使用 。

图 4-5-40　检查制动蹄片厚度

五、学习过程评价

学习过程评价见表 4-5-1。

表 4-5-1　学习过程评价表

<table>
<tr><td>班级</td><td></td><td>姓名</td><td></td><td>学号</td><td></td><td>日期</td><td>年　月　日</td></tr>
<tr><td>序号</td><td colspan="4">评价要点</td><td>配分</td><td>得分</td><td>总评</td></tr>
<tr><td>1</td><td colspan="4">能正确识读和填写工作页，明确学习活动要求</td><td>10</td><td></td><td rowspan="9">A □（86～100）
B □（76～85）
C □（60～75）
D □（60 以下）</td></tr>
<tr><td>2</td><td colspan="4">能查阅资料，写出行车制动器的类型与特点</td><td>10</td><td></td></tr>
<tr><td>3</td><td colspan="4">能查阅资料，写出行车制动器的组成及工作原理</td><td>10</td><td></td></tr>
<tr><td>4</td><td colspan="4">能按照规范完成盘式制动器的拆装与检查</td><td>20</td><td></td></tr>
<tr><td>5</td><td colspan="4">能按照规范完成鼓式制动器的拆装与检查</td><td>20</td><td></td></tr>
<tr><td>6</td><td colspan="4">能遵守劳动纪律，以积极的态度接受工作任务</td><td>10</td><td></td></tr>
<tr><td>7</td><td colspan="4">能积极参与小组讨论，具有团队合作精神</td><td>10</td><td></td></tr>
<tr><td>8</td><td colspan="4">能及时完成教师布置的任务</td><td>10</td><td></td></tr>
<tr><td colspan="5">总　分</td><td>100</td><td></td></tr>
<tr><td>小结
建议</td><td colspan="7"></td></tr>
</table>

学习活动 6　驻车制动器的检查与调整

学习目标

1. 能描述驻车制动器的作用与类型。
2. 能描述驻车制动器的组成。
3. 能完成驻车制动器的检查与调整。
4. 能完成驻车制动器拉索的更换。

建议学时：4 学时。

学习过程

一、驻车制动器的作用与类型

1. 驻车制动器的作用

查阅资料，写出驻车制动器的作用。

答：

（1）使停驶的汽车驻留在原地不动。

（2）便于在上坡坡道上起步。

（3）在行车制动器失效后临时使用，或配合行车制动器进行紧急制动。

2. 驻车制动器的类型

（1）按照驻车制动器的安装位置分类，驻车制动器可分为<u>　中央制动式　</u>（见图 4–6–1）和<u>　车轮制动式　</u>（见图 4–6–2）两种，轿车一般采用安装于后轮的<u>　车轮制动式　</u>，重型货车一般采用<u>　中央制动式　</u>。

（2）按照驻车制动器的结构分类，驻车制动器可分为<u>　盘式驻车制动器　</u>（见图 4–6–3）和<u>　鼓式驻车制动器　</u>（见图 4–6–4）两种。

小提示：鼓式驻车制动器有两种类型，一种是与行车制动器共用制动鼓，另一种是采用“外盘内鼓”复合型制动盘。

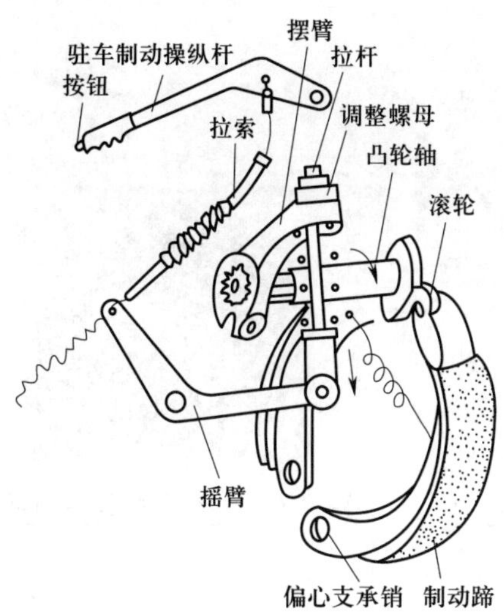

图 4-6-1 中央制动式

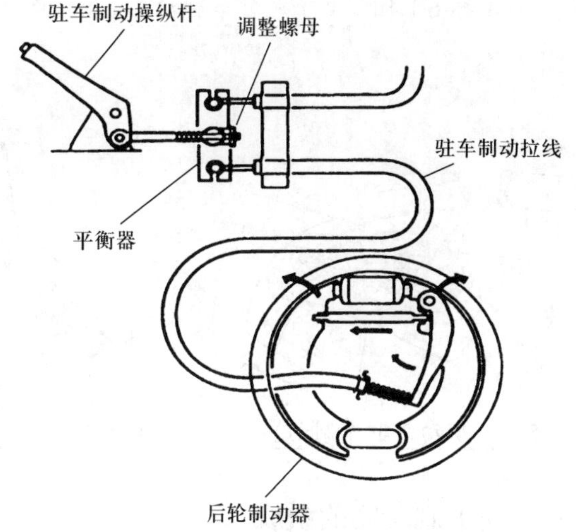

图 4-6-2 车轮制动式

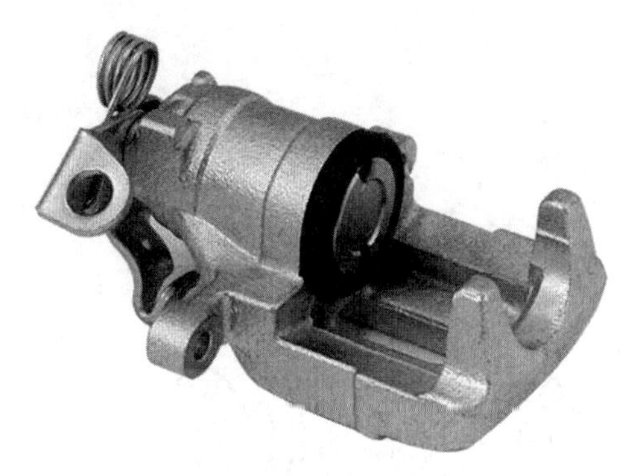

a）

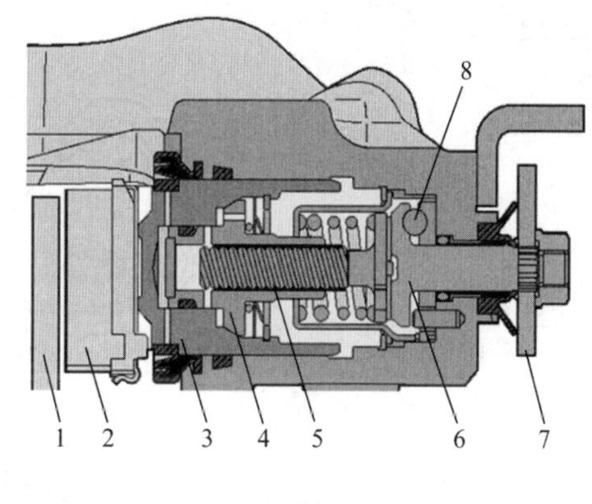

b）

图 4-6-3 盘式 驻车制动器

a）实物图 b）结构图

1—制动盘 2—制动片 3—活塞 4—螺母 5—推杆

6—输入轴 7—操纵杆 8—钢球

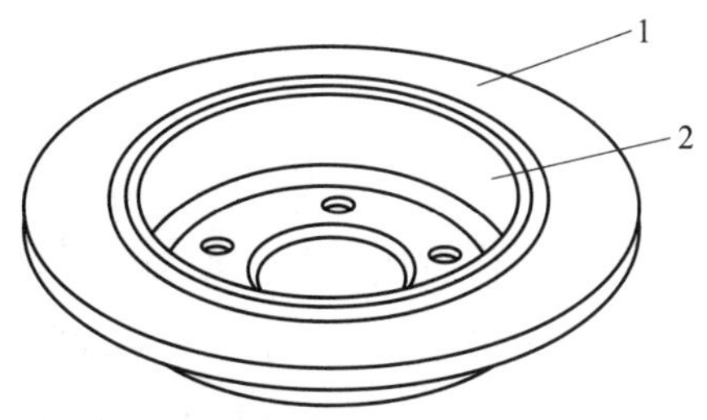

图 4-6-4 鼓式 驻车制动器

1—制动盘部分 2—制动鼓部分

（3）按照操作方式不同，驻车制动器可分为 手动式驻车制动器 （见图 4–6–5）、脚踩式驻车制动器 （见图 4–6–6）和 电子式驻车制动器 （见图 4–6–7）三种。

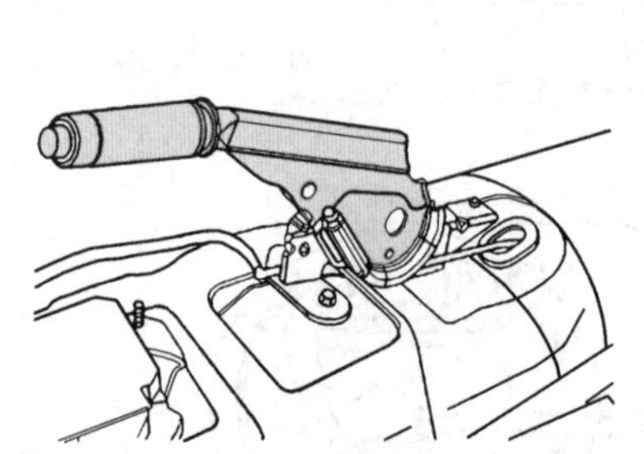

图 4–6–5 手动式驻车制动器

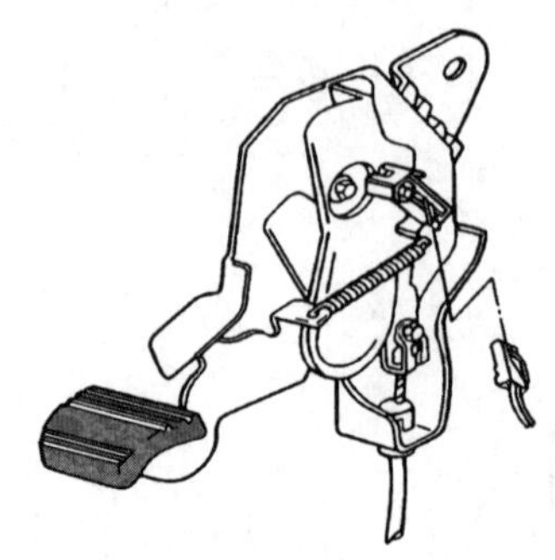

图 4–6–6 脚踩式驻车制动器

图 4–6–7 电子式驻车制动器

二、驻车制动器的组成

驻车制动器俗称 手刹 ，其组成如图 4–6–8 所示，主要由 驻车制动操纵杆 、平衡器、拉索或拉索传动装置、 制动器 等组成。

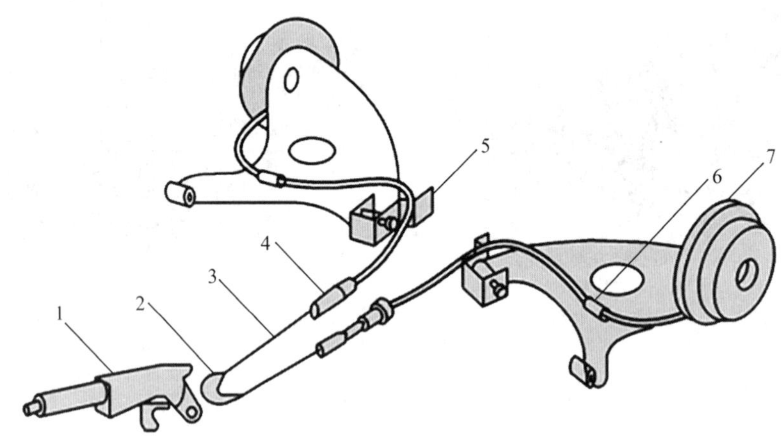

图 4–6–8 驻车制动器的组成

1—驻车制动操纵杆 2—平衡器 3—拉索 4—拉索调整接头 5—拉索支架 6—拉索固定夹 7—制动器

三、驻车制动器的检查与调整

1．驻车制动器操纵杆行程的检查

拉动驻车制动器操纵杆时，检查并确保 操纵杆行程 在预定的槽数内（拉动时可以听到“ 咔嗒 ”声），如图 4–6–9 所示。一般驻车制动器操纵杆行程处于 3 ~ 6 槽口，如果不符合标准，应当 调整驻车制动器操纵杆行程 。

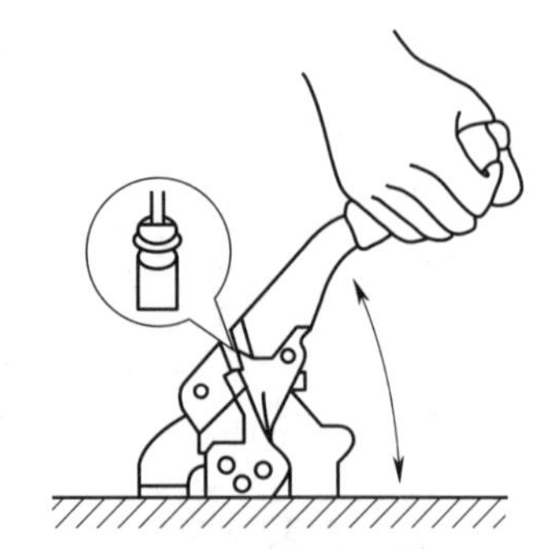

图 4–6–9 驻车制动器操纵杆行程的检查

2．驻车指示灯工作情况的检查

在点火开关位于 ON 位置 时，检查驻车指示灯工作情况，确保当驻车制动器操纵杆操作时，在拉动操纵杆到达<u>　第一个　</u>槽口前，仪表盘上的 (!) 指示灯已经<u>　点亮　</u>，如图 4–6–10 所示。

驻车指示灯显示是否正常：☑ 是　　☐否。

3．驻车制动器操纵杆行程的调整

以手动式驻车制动器为例，在调整前，确保驻车<u>　制动蹄片间隙　</u>已经调整好。

（1）松开<u>　锁紧螺母　</u>。

（2）转动<u>　调整螺母　</u>直到<u>　驻车制动器操纵杆行程　</u>正确。

（3）拧紧<u>　锁紧螺母　</u>，如图 4–6–11 所示。

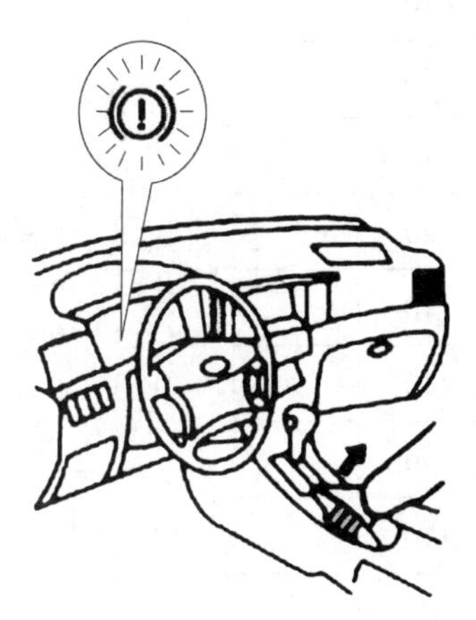

图 4–6–10　驻车指示灯工作情况的检查

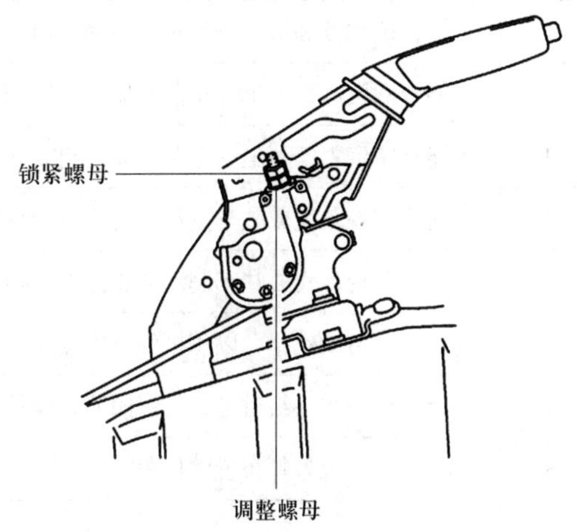

图 4–6–11　驻车制动器操纵杆行程的调整

调整后驻车制动器操纵杆行程：<u>　4　</u>槽口。

调整后处理意见：☑ 正常　　☐需更换驻车拉索　　☐需更换后盘式制动器制动钳总成。

四、驻车制动器拉索的更换

查阅资料，写出驻车制动器拉索的更换步骤。

答：驻车制动器拉索的更换步骤如下：

1. 松开驻车制动器拉索

（1）松开驻车制动操纵杆。

（2）松开并调整锁紧螺母以完全松开驻车制动器拉索。

2. 举升车辆

3. 断开驻车制动器拉索总成

（1）从后盘式制动器制动分泵操作杆上断开驻车制动器拉索总成。

（2）在驻车制动器拉索总成底部插入弯颈扳手（14 mm）以脱开卡子。从后盘式制动器制动分泵总成上拉出驻车制动器拉索总成。

4. 取下驻车制动器拉索总成

拆下驻车制动器拉索总成固定在车身上的螺栓，取下驻车制动器拉索总成。

5. 安装驻车制动器拉索

按照与拆卸相反的顺序进行安装，安装后调整驻车制动器操纵杆行程直至合格为止。

五、学习过程评价

学习过程评价见表 4-6-1。

表 4-6-1　　学习过程评价表

<table>
<tr><td>班级</td><td></td><td>姓名</td><td></td><td>学号</td><td></td><td>日期</td><td>年　月　日</td></tr>
<tr><td>序号</td><td colspan="5">评价要点</td><td>配分</td><td>得分</td><td>总评</td></tr>
<tr><td>1</td><td colspan="5">能正确识读和填写工作页，明确学习活动要求</td><td>10</td><td></td><td rowspan="9">A □（86 ~ 100）
B □（76 ~ 85）
C □（60 ~ 75）
D □（60 以下）</td></tr>
<tr><td>2</td><td colspan="5">能查阅资料，写出驻车制动器的作用与类型</td><td>20</td><td></td></tr>
<tr><td>3</td><td colspan="5">能查阅资料，写出驻车制动器的组成</td><td>10</td><td></td></tr>
<tr><td>4</td><td colspan="5">能按照规范完成驻车制动器的检查与调整</td><td>20</td><td></td></tr>
<tr><td>5</td><td colspan="5">能按照规范完成驻车制动器拉索的更换</td><td>10</td><td></td></tr>
<tr><td>6</td><td colspan="5">能遵守劳动纪律，以积极的态度接受工作任务</td><td>10</td><td></td></tr>
<tr><td>7</td><td colspan="5">能积极参与小组讨论，具有团队合作精神</td><td>10</td><td></td></tr>
<tr><td>8</td><td colspan="5">能及时完成教师布置的任务</td><td>10</td><td></td></tr>
<tr><td colspan="6">总　分</td><td>100</td><td></td></tr>
<tr><td>小结
建议</td><td colspan="8"></td></tr>
</table>

学习活动 7　工作总结与评价

学习目标

1. 能以小组形式，对学习过程和成果进行总结。
2. 能完成对学习过程的综合评价。

建议学时：4 学时。

学习过程

一、工作总结

在世界技能大赛中，要求选手具有一定的组织规划、沟通、创新等能力，这在实际的生产工作中是十分必要的。以小组为单位，选择演示文稿、展板、海报、视频等形式中的一种或几种，向全班展示、汇报学习成果。

二、综合评价

针对本任务的学习情况，根据表 4–7–1 所列综合评价标准进行评分。

表 4–7–1　　综合评价标准

评价项目	评价内容及标准	配分	评分		
			自我评价	小组评价	教师评价
工作组织和管理	团队合作，合理计划，高效管理时间	3			
	定期检查工作进展和效果	3			
	保证高质量完成工作	4			
沟通能力	深度咨询客户，完全理解其要求	10			
	提供明确说明，准确回答客户疑问	10			
计划创新能力	及时处理工作中遇到的问题	10			
	提出创新性、可行性建议，提高客户满意度	10			
专业知识	具备汽车制动系统的作用、组成、原理等知识	10			
	具备汽车制动无力故障检修知识	10			

续表

评价项目	评价内容及标准	配分	评分		
			自我评价	小组评价	教师评价
实践能力	具备汽车制动踏板位置的检查与调整技能	5			
	具备汽车制动液及管路的检查与更换技能	5			
	具备汽车制动总泵及真空助力器的检修技能	5			
	具备汽车盘式制动器的检修技能	5			
	具备汽车鼓式制动器的检修技能	5			
	具备汽车驻车制动器的检修技能	5			
学生姓名		综合评价得分			
指导教师		日期			

三、学习任务四整体评价

学习任务四整体评价见表 4–7–2。

表 4–7–2　　学习任务四整体评价表

项目	自我评价			小组评价			教师评价		
	10 ~ 9 分	8 ~ 6 分	5 ~ 1 分	10 ~ 9 分	8 ~ 6 分	5 ~ 1 分	10 ~ 9 分	8 ~ 6 分	5 ~ 1 分
	占总评 10%			占总评 30%			占总评 60%		
学习活动 1									
学习活动 2									
学习活动 3									
学习活动 4									
学习活动 5									
学习活动 6									
学习活动 7									
协作精神									
纪律观念									
表达与分析能力									
工作态度									
任务总体表现									
小计分									
总评分									

世赛知识

汽车制动系统检修在世赛汽车技术项目中的应用

汽车技术项目是世界技能大赛中参赛国家最多的项目之一，也是竞争最激烈的项目之一。本项目考核汽车维修企业汽车维修技师岗位的职业能力。

汽车维修技师一般受雇于一家品牌汽车服务 4S 店或综合维修厂，汽车维修技师的维修工作可能集中于单一品牌，也可能分散于多个品牌。汽车维修技师的主要工作为检测、诊断、维护、修理及更换零部件。在汽车维修企业，汽车维修技师的工作要求是快速、准确地诊断故障并完成维修工作。汽车维修技师应掌握汽车机械、电气、电子、控制以及各系统集成的知识，具有对各种车型熟练操作的技能，并具备良好的体能。汽车技术项目竞赛全面地展现了年轻汽车维修技师的职业技能和职业素养，引领汽车维修职业教育和汽车维修行业的发展。

第 46 届世界技能大赛汽车技术项目参照世界技能大赛的技术要求，考核 9 个模块，包括：A 发动机管理，B 发动机诊断，C 车身电气，D 电气构建，E 制动系统，F 定位、转向与悬架，G 发动机测试，H 发动机测量，I 新能源汽车。各模块的配分比例参照第 45 届世界技能大赛设定，考试时间和配分比例详见表 4–7–3。比赛在 3 天内完成，比赛时间总计 12 小时。

表 4–7–3　　竞赛项目考核模块及配分比例

第 46 届世界技能大赛汽车技术项目			第 45 届世界技能大赛汽车技术项目		
考核模块	考试时间	配分比例	考核模块	考试时间	配分比例
A 发动机管理	1.5 小时	15%	A 发动机管理	2 小时	15%
B 发动机诊断	1.5 小时	15%	B 发动机诊断	2 小时	15%
C 车身电气	1.5 小时	15%	C 车身电气	2 小时	15%
D 电气构建	1.5 小时	12%	D 电气构建	2 小时	15%
E 制动系统	1 小时	10%	E 制动系统	2 小时	10%
F 定位、转向与悬架	1.5 小时	10%	F 定位、转向与悬架	1.5 小时	7%
G 发动机测试	1.5 小时	10%	G 发动机测试	2 小时	10%
H 发动机测量	1.5 小时	10%	H 发动机测量	2 小时	10%
I 新能源汽车	0.5 小时	3%	I 新能源汽车	0.5 小时	3%
合计	12 小时	100%	合计	16 小时	100%

汽车制动系统检修是“E 制动系统”模块中的基本考核技能，该模块占 10% 的分值。参赛选手需要在车型或台架上完成相关内容的考核，包括液压制动系统、盘式制动器、鼓式制动器、驻车制动器、防抱死制动

装置、制动系统排空装置等的检修及调整，重点考察选手对各部件的作用及工作原理的掌握情况。下面为第45届世界技能大赛汽车技术项目中国集训队训练样题。

模块 E：制动系统

使用设备：车型或台架

竞赛时间：2 小时

任务说明：

1．进行汽车底盘基本检查，告诉专家发现的问题，并在报告单上记录。

2．根据专家的指令，更换或维修故障零件。

3．大修指定的制动钳。

4．所有螺栓和螺母的紧固力矩按规定值的 50%。

故障记录表见表 4-7-4，制动器检查表见表 4-7-5，作业内容见表 4-7-6。

表 4-7-4　故障记录表

序号	故障零件	故障描述
1		
2		
3		
4		
5		
6		
7		

说明：不超过 7 个故障。

表 4-7-5　制动器检查表

（　　）轮制动器	标准值	实测值	合格	不合格
制动摩擦片厚度				
制动盘厚度				
轮毂轴承松动				
轮毂轴承跳动				
制动盘跳动				

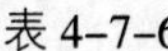

表 4-7-6　作业内容

序号	项目	作业内容
1	大修制动钳	1．安装制动踏板压缩器 2．拆卸制动软管，排净制动液 3．拆卸制动分泵及制动摩擦片 4．拆卸制动支架及制动盘 5．分解制动分泵 6．检查与测量 7．组装制动分泵 8．安装制动盘 9．安装制动支架 10．安装制动分泵及制动摩擦片 11．安装制动软管
2	制动管路排空气	1．添加制动液 2．连接排空设备 3．按次序排除空气 4．检查制动管路是否泄漏 5．检查并调整制动液液位 6．安装车轮

学习任务五　汽车防抱死制动系统故障灯亮故障检修

学习目标

1. 能描述汽车防抱死制动系统的作用、分类及组成。
2. 能识别汽车防抱死制动系统主要零部件。
3. 能描述汽车防抱死制动系统的工作原理。
4. 能介绍故障诊断仪的使用方法。
5. 能描述汽车防抱死制动系统故障码的含义。
6. 能完成汽车防抱死制动系统故障码的读取和清除。
7. 能描述汽车防抱死制动系统轮速传感器的作用、分类及安装位置。
8. 能描述汽车防抱死制动系统轮速传感器的组成、结构及工作原理。
9. 能完成轮速传感器的检查与更换。
10. 能描述汽车防抱死制动系统液压泵总成的作用与组成。
11. 能完成液压泵总成的检查、测试和更换。
12. 能识读汽车防抱死制动系统控制电路图。
13. 能分析汽车防抱死制动系统控制电路常见故障。
14. 能完成汽车防抱死制动系统控制电路故障的检修。
15. 能对维修场地设备进行日常维护与保养，按 6S 管理规定要求清理现场。
16. 能对相关资料、互联网资源进行检索，完成维修工单、工作页的填写。
17. 能展示工作成果，进行任务评价，总结工作经验，优化检修方案。
18. 能在作业过程中严格按照企业操作规范操作，严格遵守安全生产制度、环保管理制度和从业人员职业道德，具有吃苦耐劳、爱岗敬业的工作态度和职业精神。

建议学时

20 学时。

工作情境描述

某客户反映车辆仪表盘上的防抱死制动系统故障灯亮。车主将该车送入维修站，维修顾问接车后，班组长使用故障诊断仪读取到故障码为“C1331 左前轮轮速传感器断路”，由此故障码可以初步判断汽车防抱死制动系统故障灯亮是由左前轮轮速传感器线束断路故障引起的。汽车维修人员需要对相关部件进行拆检，根据维修手册相关要求，在规定时间内，参照维修资料完成汽车防抱死制动系统的检查与零部件的更换工作，自检合格后交付班组长验收。

工作流程与活动

1．汽车防抱死制动系统的认知（4 学时）

2．故障码的读取与清除（2 学时）

3．轮速传感器的检查与更换（4 学时）

4．液压泵总成的检查与更换（4 学时）

5．ABS 控制电路的检修（4 学时）

6．工作总结与评价（2 学时）

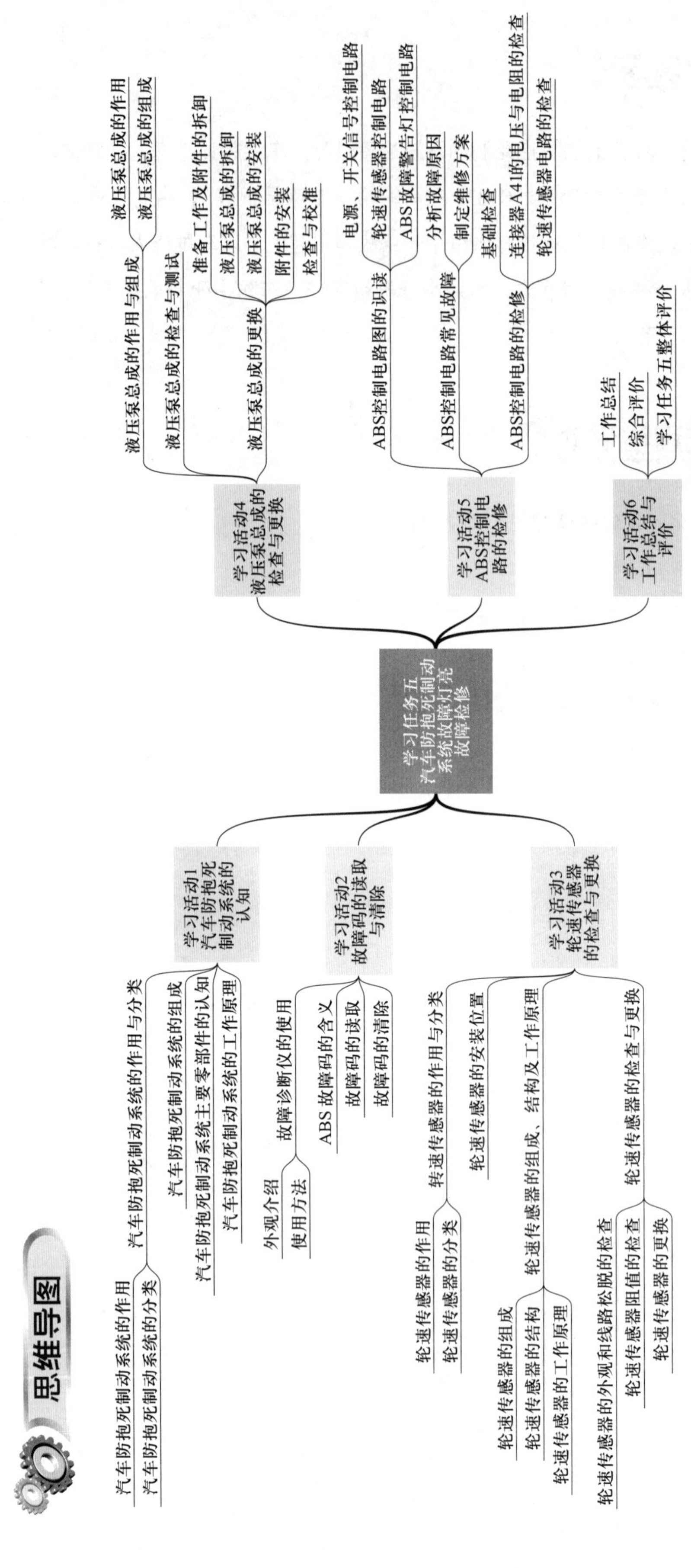
思维导图
学习任务五 汽车防抱死制动系统故障灯亮故障检修
学习活动1 汽车防抱死制动系统的认知
汽车防抱死制动系统的作用与分类
汽车防抱死制动系统的作用
汽车防抱死制动系统的分类
汽车防抱死制动系统的组成
汽车防抱死制动系统主要零部件的认知
汽车防抱死制动系统的工作原理
学习活动2 故障码的读取与清除
故障诊断仪的使用
外观介绍
使用方法
ABS 故障码的含义
故障码的读取
故障码的清除
学习活动3 轮速传感器的检查与更换
转速传感器的作用与分类
轮速传感器的作用
轮速传感器的分类
轮速传感器的安装位置
轮速传感器的组成、结构及工作原理
轮速传感器的组成
轮速传感器的结构
轮速传感器的工作原理
轮速传感器的检查与更换
轮速传感器的外观和线路松脱的检查
轮速传感器阻值的检查
轮速传感器的更换
学习活动4 液压泵总成的检查与更换
液压泵总成的作用与组成
液压泵总成的作用
液压泵总成的组成
液压泵总成的检查与测试
液压泵总成的更换
准备工作及附件的拆卸
液压泵总成的拆卸
液压泵总成的安装
附件的安装
检查与校准
学习活动5 ABS控制电路的检修
ABS控制电路图的识读
电源、开关信号控制电路
轮速传感器控制电路
ABS故障警告灯控制电路
ABS控制电路常见故障
分析故障原因
制定维修方案
ABS控制电路的检修
基础检查
连接器A41的电压与电阻的检查
轮速传感器电路的检查
学习活动6 工作总结与评价
工作总结
综合评价
学习任务五整体评价

学习活动 1　汽车防抱死制动系统的认知

学习目标

1. 能描述汽车防抱死制动系统的作用与分类。
2. 能描述汽车防抱死制动系统的组成。
3. 能识别汽车防抱死制动系统主要零部件。
4. 能描述汽车防抱死制动系统的工作原理。

建议学时：4 学时。

学习过程

一、汽车防抱死制动系统的作用与分类

汽车防抱死制动系统（anti-lock brake system，ABS）是在常规液压制动系统基础上增加了一套防止车轮抱死的电子控制系统。

1．汽车防抱死制动系统的作用

查阅资料，写出汽车防抱死制动系统的作用。

答：

（1）制动时，防止车轮抱死，维持最佳的制动力，缩短制动距离。

（2）制动时，保证行驶方向稳定性和转向控制能力。

（3）制动时，减少轮胎的磨损。

（4）减轻驾驶员的紧张情绪和疲劳强度，能有效提高行车安全性。

2．汽车防抱死制动系统的分类

查阅资料，汽车防抱死制动系统可以分为以下类型。

（1）按结构形式可分为__整体式__和__分离式__两种。

（2）按控制方式可分为__机械式__和__电子式__两种。

（3）按动力源可分为__气压式__、__液压式__和__气顶液压式__三种。

（4）按控制通道和传感器数量可分为__四传感器四通道式__、__四/三传感器三通道式__、__四传感器二通道式__和__一传感器一通道式__四种。

（5）按控制车轮方式可分为__轴控低选控制式__、__轴控高选控制式__和__轮控独立式__三种。

二、汽车防抱死制动系统的组成

汽车防抱死制动系统的组成如图 5-1-1 所示，主要由常规制动系统、__电子控制单元（ECU）__、__轮速传感器__、__制动压力调节器__和 ABS 警告灯等组成。

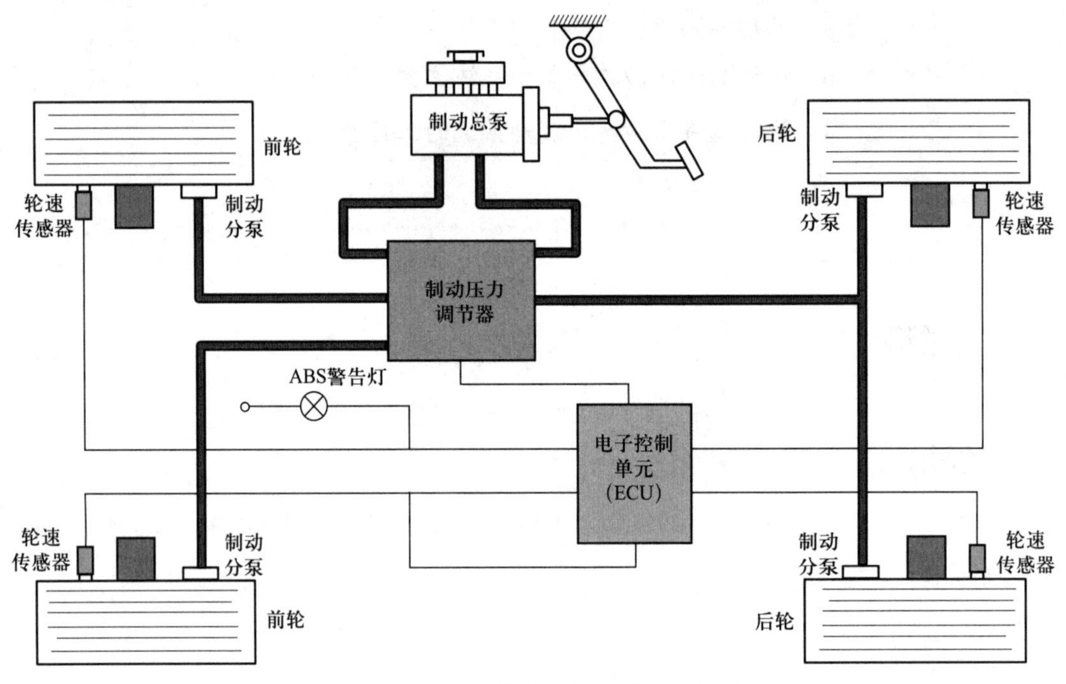

图 5-1-1 汽车防抱死制动系统的组成

三、汽车防抱死制动系统主要零部件的认知

查阅资料，在表 5-1-1 中填写汽车防抱死制动系统主要零部件的名称、作用及安装位置。

表 5-1-1 汽车防抱死制动系统主要零部件的认知

序号	零部件图片	名称	作用	安装位置
1		轮速传感器	检测车轮的转速，并将其转化为电信号输入电子控制单元	（1）驱动轮上 （2）非驱动轮上 （3）变速器输出轴上 （4）后驱动桥主减速器上

续表

序号	零部件图片	名称	作用	安装位置
2		电子控制单元	接收轮速传感器及其他开关输入的信号，并进行运算及处理，发出控制指令，控制制动压力调节器进行制动压力的调节	发动机舱内
3		液压控制单元（HCU）	接收来自电子控制单元的控制指令，通过电磁阀自动调节车轮制动器的制动压力	发动机舱内
4		液压泵电动机	接收电子控制单元的控制指令，驱动液压泵将流入储液罐内的制动液泵回液压制动总泵	发动机舱内
5		ABS 警告灯	电子控制单元发现 ABS 系统有故障时将其点亮，向驾驶员发出警告信号，可以通过其闪烁读取故障码	仪表盘上

四、汽车防抱死制动系统的工作原理

汽车防抱死制动系统的工作原理如图 5-1-2 所示。轮速传感器不断地将测出的车轮运动参数转换成电信号传递给<u>电子控制单元</u>，电子控制单元经运算分析后发出控制指令给<u>制动压力调节器</u>，通过改变通道的开启和关闭，来调节车轮制动器的<u>制动压力</u>。在制动过程中，ECU 通过轮速传感器判断车轮是否<u>抱死</u>。如果车轮即将抱死，ECU 发出指令，通过<u>制动压力调节器</u>减少制动，防止车轮抱死。

汽车防抱死制动系统的工作过程见表 5-1-2 中，对照制动压力调节器的工作情况，查阅资料，完成该表格所缺内容的填写。

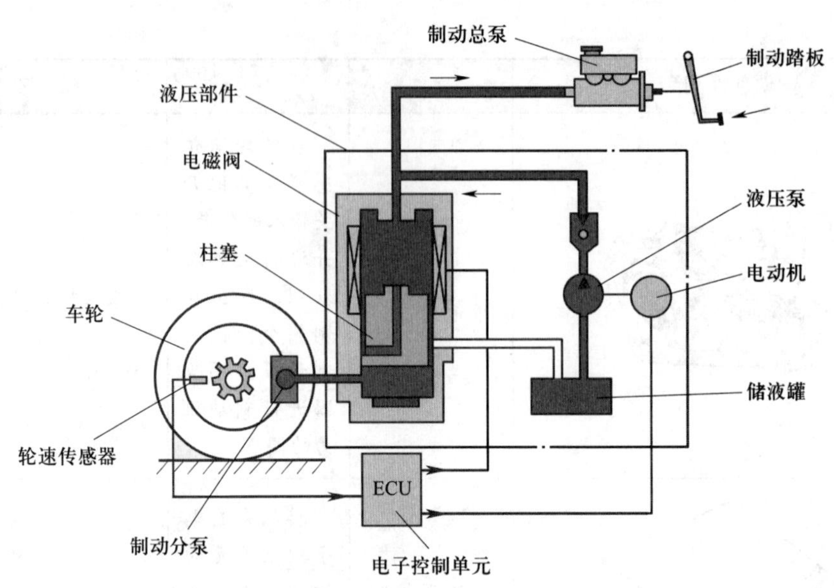

图 5-1-2 汽车防抱死制动系统的工作原理

表 5-1-2 汽车防抱死制动系统的工作过程

序号	制动压力调节器的工作情况	工作过程	电磁阀工作状态
1		常规制动阶段	电磁阀不通电，制动总泵和制动分泵__相通__，来自制动总泵的制动液直接进入制动分泵，进行常规制动
2		保压阶段	电磁阀通__较小__电流（2 A），电磁线圈产生电磁吸力__小__，柱塞__上移__量小，适当压缩弹簧，柱塞移至中间位置，所有通道都被__截断__，来自制动总泵的制动液不进入制动分泵，保持制动压力__不变__

续表

序号	制动压力调节器的工作情况	工作过程	电磁阀工作状态
3	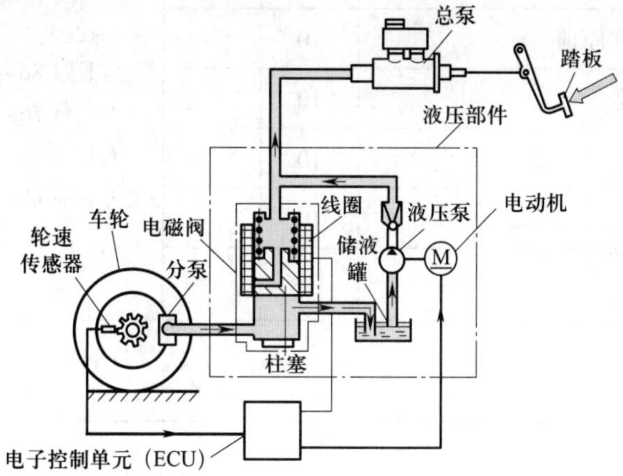 总泵 踏板 液压部件 线圈 液压泵 电动机 车轮 电磁阀 轮速传感器 分泵 储液罐 M 柱塞 电子控制单元（ECU）	减压阶段	电磁阀通__较大__电流（5 A），电磁线圈产生电磁吸力__大__，压缩弹簧，使柱塞移至__上端__，制动总泵和制动分泵的通路被__柱塞__截断，制动分泵和储液罐__接通__，制动分泵的制动液流入储液罐，制动压力__降低__
4	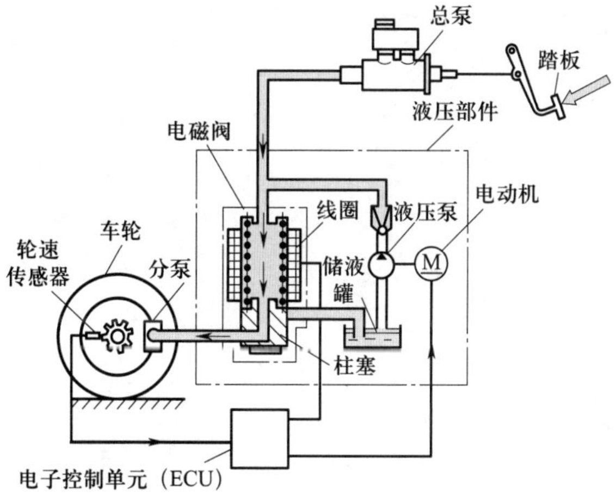 总泵 踏板 液压部件 电磁阀 线圈 液压泵 电动机 车轮 轮速传感器 分泵 储液罐 M 柱塞 电子控制单元（ECU）	增压阶段	电磁阀不通电，柱塞回到初始位置，制动总泵和制动分泵再次__相通__，制动总泵的高压制动液再次进入制动分泵，__增加__了制动力

五、学习过程评价

学习过程评价见表 5-1-3。

表 5-1-3　　学习过程评价表

班级		姓名		学号		日期	年　月　日
序号	评价要点				配分	得分	总评
1	能正确识读和填写工作页，明确学习活动要求				10		A □（86 ~ 100） B □（76 ~ 85） C □（60 ~ 75） D □（60 以下）
2	能查阅资料，写出汽车防抱死制动系统的作用与分类				10		
3	能查阅资料，写出汽车防抱死制动系统的组成				10		
4	能查阅资料，完成对轮速传感器的认知				10		
5	能查阅资料，完成对电子控制单元的认知				10		

续表

序号	评价要点	配分	得分	总评
6	能查阅资料，完成对制动压力调节器的认知	10		A □（86～100） B □（76～85） C □（60～75） D □（60 以下）
7	能查阅资料，写出汽车防抱死制动系统的工作原理	10		
8	能遵守劳动纪律，以积极的态度接受工作任务	10		
9	能积极参与小组讨论，具有团队合作精神	10		
10	能及时完成教师布置的任务	10		
总　分		100		
小结建议				

学习活动 2　故障码的读取与清除

学习目标

1. 能描述故障诊断仪的使用方法。
2. 能描述故障码的含义。
3. 能完成故障码的读取。
4. 能完成故障码的清除。

建议学时：2 学时。

学习过程

一、故障诊断仪的使用

以元征 X-431 PRO3S 故障诊断仪为例，介绍其使用方法。

1．外观介绍

查阅元征 X-431 PRO3S 故障诊断仪的使用说明书，写出故障诊断仪外部按钮的含义，如图 5-2-1 所示。

图 5-2-1　元征 X-431 PRO3S 故障诊断仪

1—<u>耳机插孔</u>　2—<u>USB 接口</u>　3—<u>音量键</u>

4—<u>电源键</u>　5—<u>诊断接头</u>

2．使用方法

通过查阅使用说明书，观看官网上的使用教学视频，试用元征 X-431 PRO3S 故障诊断仪，并写出该故障诊断仪的使用方法。

答：

（1）将点火开关置于 OFF 位置。

（2）将元征 X-431 PRO3S 故障诊断仪的诊断接头连接到 DLC3。

（3）将点火开关置于 ON 位置。

（4）按动电源键，启动故障诊断仪，然后启动 X-431 PRO3S 诊断程序，选择对应的车型，选择 16 PIN 诊断座，读取车辆信息后，选择需要的车辆系统，进行下一步诊断。例如，读故障码、清故障码、读冻结帧、读数据流、动作测试、特殊功能等。

二、ABS 故障码的含义

查阅资料，写出表 5-2-1 中丰田卡罗拉汽车 ABS 故障码的含义。

表 5-2-1　ABS 故障码及其含义

故障码	含义	故障码	含义
C1237	轮速传感器转子故障	C1465	左前轮轮速传感器
C1241	低电源电压故障	C1466	右后轮轮速传感器
C1300	ABS 电子控制单元故障	C1467	左后轮轮速传感器
C1330	右前轮轮速传感器断路	C1468	SFR 电磁阀电路
C1331	左前轮轮速传感器断路	C1469	SFL 电磁阀电路
C1332	右后轮轮速传感器断路	C146A	SRR 电磁阀电路
C1333	左后轮轮速传感器断路	C146B	SRL 电磁阀电路
C1417	高电源电压故障	C146C	ABS 电动机继电器电路断路
C1425	制动灯开关电路断路	C146E	ABS 电磁阀继电器电路断路
C1464	右前轮轮速传感器	U0073	控制模块通信总线通信中断

三、故障码的读取

1．将点火开关置于 OFF 位置。

2．将元征 X–431 PRO3S 故障诊断仪诊断接头连接到 DLC3 。

3．将点火开关置于 ON 位置。

4．启动 X–431 诊断程序，选择 卡罗拉 车型，读取 车辆信息 后，选择 ABS ，根据提示进入图 5–2–2 所示的页面。

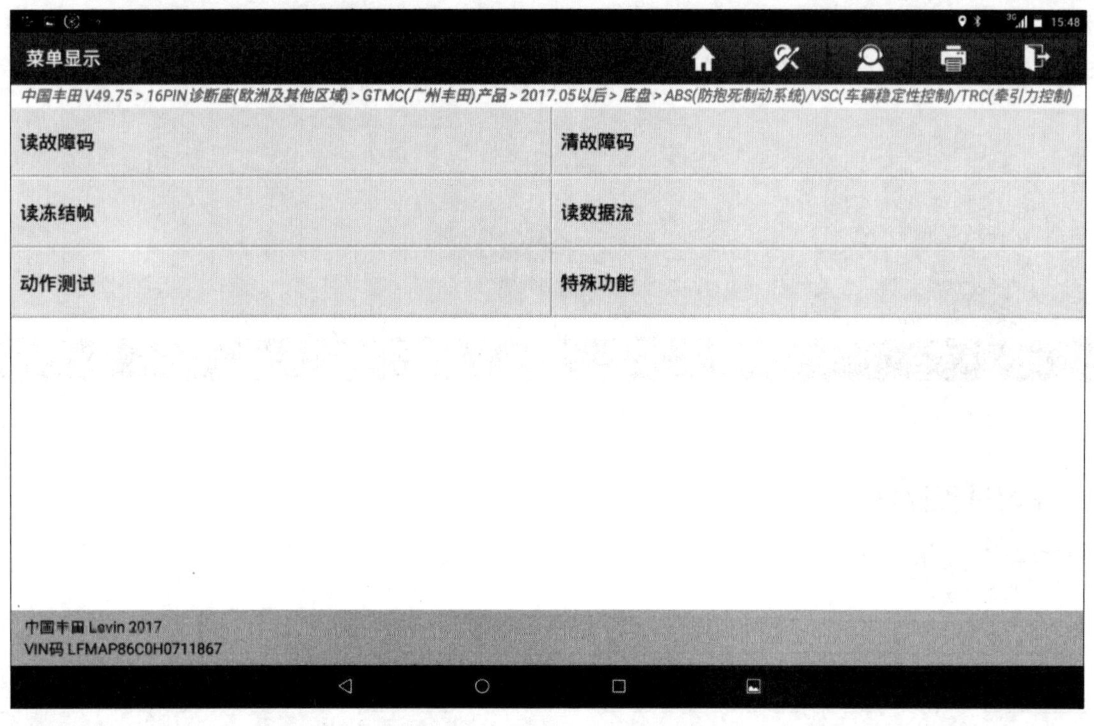

图 5–2–2　ABS 故障诊断页面

5．点击 读故障码 ，查阅故障码详情，故障码为 C1331 左前轮轮速传感器断路 。

6．为防止有历史故障码，点击 清故障码 ，最终故障码为 C1331 左前轮轮速传感器断路 。

四、故障码的清除

1．故障点修复后，重新将点火开关置于 ON 位置，汽车 ABS 故障灯点亮 3 s 后熄灭（或清除故障码后熄灭）。

2．故障诊断仪重新进入图 5–2–2 所示的页面，点击 清故障码 ，提示 ABS 无故障码 ，如图 5–2–3 所示。若故障码仍存在，说明故障未修复。

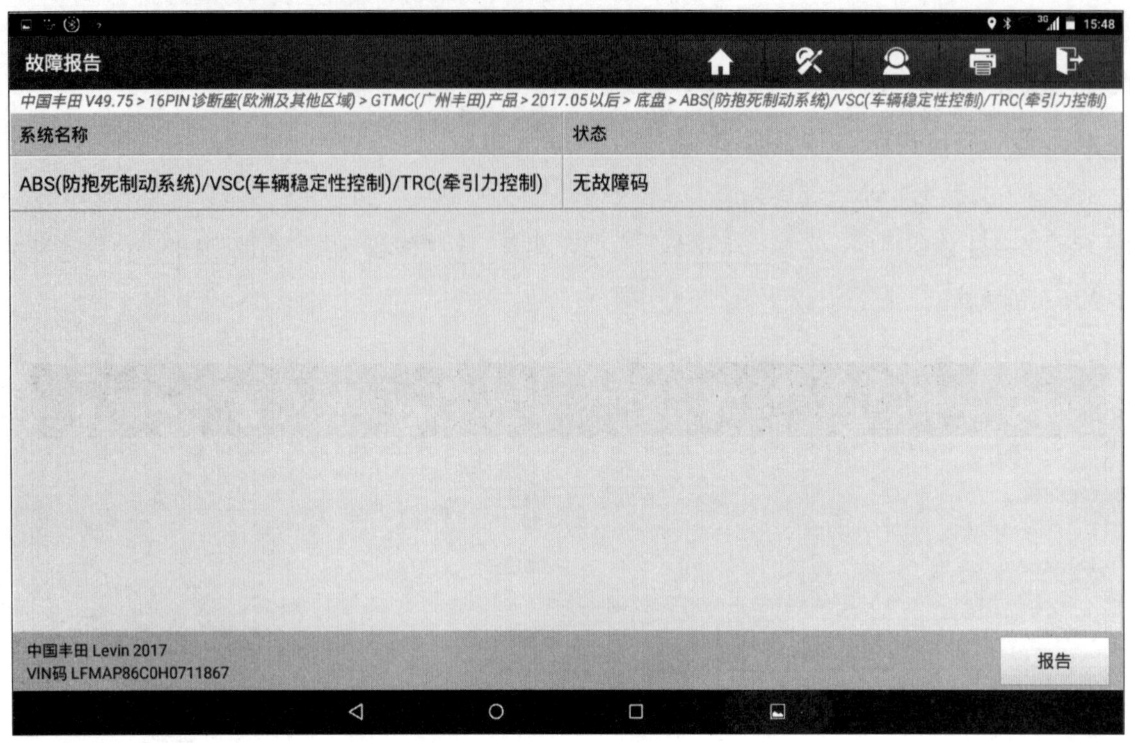

图 5-2-3　ABS 无故障码

五、学习过程评价

学习过程评价见表 5-2-2。

表 5-2-2　　学习过程评价表

<table>
<tr><td>班级</td><td colspan="2"></td><td>姓名</td><td></td><td>学号</td><td></td><td>日期</td><td>年　月　日</td></tr>
<tr><td>序号</td><td colspan="6">评价要点</td><td>配分</td><td>得分</td><td>总评</td></tr>
<tr><td>1</td><td colspan="6">能正确识读和填写工作页，明确学习活动要求</td><td>10</td><td></td><td rowspan="9">A □（86～100）
B □（76～85）
C □（60～75）
D □（60 以下）</td></tr>
<tr><td>2</td><td colspan="6">能查阅资料，写出故障诊断仪的使用方法</td><td>20</td><td></td></tr>
<tr><td>3</td><td colspan="6">能查阅资料，写出 ABS 故障码的含义</td><td>20</td><td></td></tr>
<tr><td>4</td><td colspan="6">能使用故障诊断仪读取 ABS 故障码</td><td>10</td><td></td></tr>
<tr><td>5</td><td colspan="6">能使用故障诊断仪清除 ABS 故障码</td><td>10</td><td></td></tr>
<tr><td>6</td><td colspan="6">能遵守劳动纪律，以积极的态度接受工作任务</td><td>10</td><td></td></tr>
<tr><td>7</td><td colspan="6">能积极参与小组讨论，具有团队合作精神</td><td>10</td><td></td></tr>
<tr><td>8</td><td colspan="6">能及时完成教师布置的任务</td><td>10</td><td></td></tr>
<tr><td colspan="7">总　分</td><td>100</td><td></td></tr>
<tr><td>小结
建议</td><td colspan="9"></td></tr>
</table>

学习活动 3　轮速传感器的检查与更换

学习目标

1. 能描述轮速传感器的作用与分类。
2. 能识别轮速传感器的安装位置。
3. 能描述轮速传感器的组成、结构及工作原理。
4. 能完成轮速传感器的检查与更换。

建议学时：4 学时。

学习过程

一、轮速传感器的作用与分类

轮速传感器是 ABS 车轮速度传感器的简称。

1．轮速传感器的作用

查阅资料，写出轮速传感器的作用。

答：轮速传感器的作用是检测车轮转速，并将其转化为电信号输入电子控制单元。

2．轮速传感器的分类

目前，常用的轮速传感器主要有 电磁感应式轮速传感器 、 霍尔式轮速传感器 和 磁阻式轮速传感器 三种。

二、轮速传感器的安装位置

在汽车防抱死制动系统中，每个车轮上都安装有轮速传感器，如图 5–3–1 所示。前轮轮速传感器安装在 转向节 上，其结构如图 5–3–2 所示；后轮轮速传感器安装在 后轴支架 上，其结构如图 5–3–3 所示。有些后轮驱动的车辆，轮速传感器安装在 差速器 内，通过后轴检测转速。

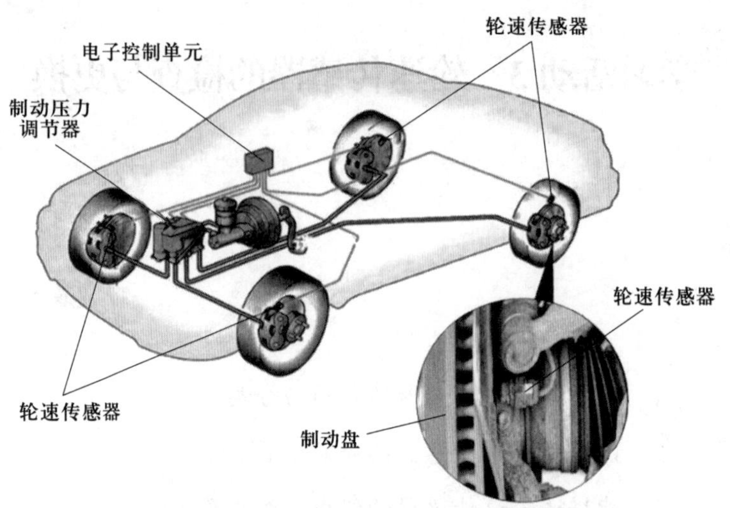

图 5-3-1　轮速传感器安装位置示意图

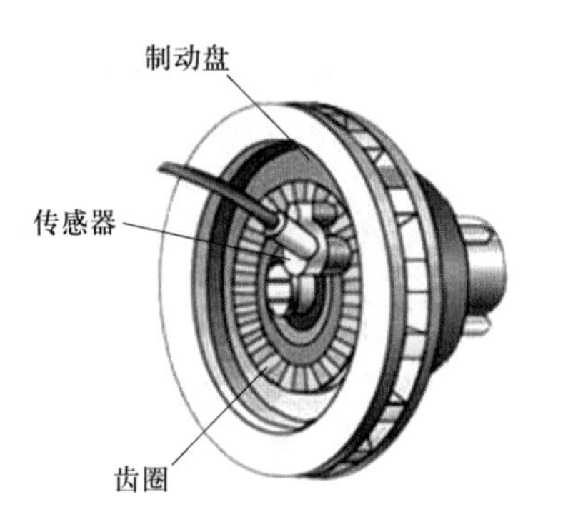

图 5-3-2　前轮轮速传感器的结构

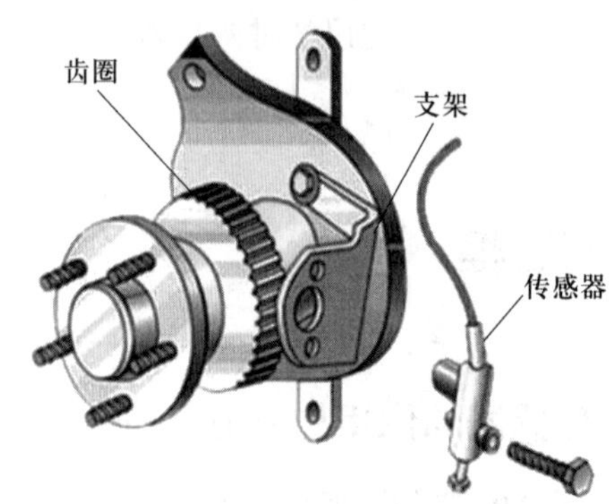

图 5-3-3　后轮轮速传感器的结构

不同车辆由于设计不一样，其轮速传感器的安装位置也不尽相同。查阅资料，在表 5-3-1 中填写常见轮速传感器的安装位置。

表 5-3-1　常见轮速传感器的安装位置

传感器安装示意图	安装位置	传感器安装示意图	安装位置
电磁感应式 轮速传感器 齿圈 半轴 悬架支承	驱动轮上	轮毂 电磁感应式 轮速传感器 转向节 齿圈	非驱动轮上

续表

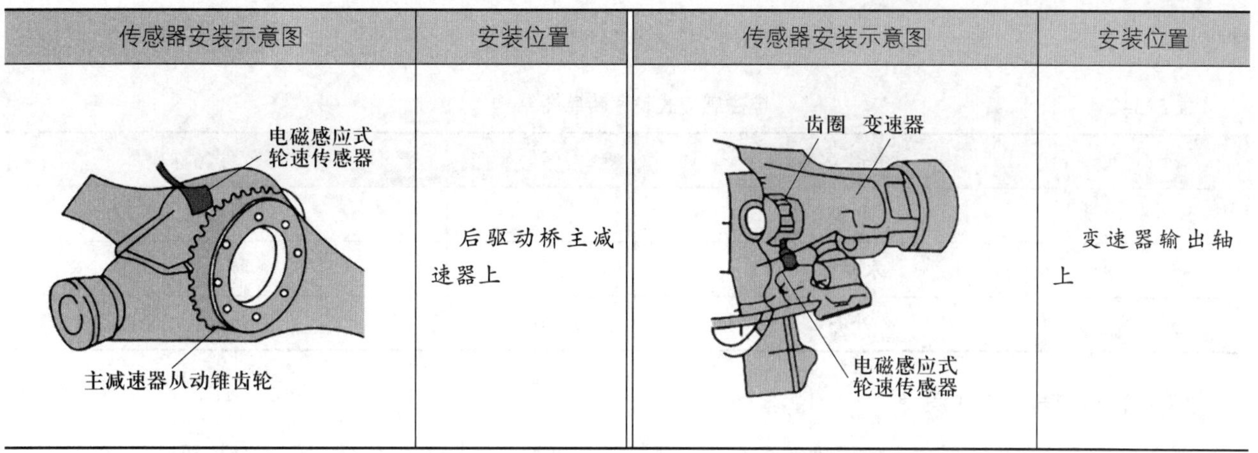

传感器安装示意图	安装位置	传感器安装示意图	安装位置
	后驱动桥主减速器上		变速器输出轴上

三、轮速传感器的组成、结构及工作原理

1．轮速传感器的组成

电磁感应式轮速传感器又称 磁感应 式或磁电式轮速传感器，它是一种通过 磁通量 的变化产生感应电压的装置，主要由 传感器头 和 齿圈 两部分组成。

2．轮速传感器的结构

电磁感应式轮速传感器根据磁心端部的结构形状，可分为 凿式 轮速传感器和 柱式 轮速传感器两种，其结构如图 5-3-4 所示。

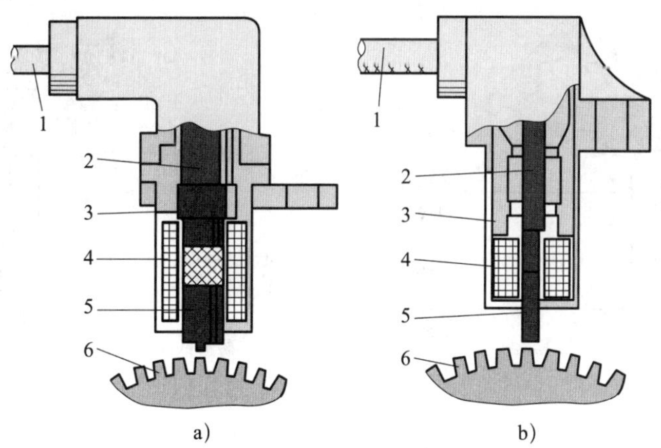

图 5-3-4　电磁感应式轮速传感器的结构

a） 凿式 轮速传感器　b） 柱式 轮速传感器

查阅资料，对电磁感应式轮速传感器的结构（见图 5-3-4）进行认知，并在表 5-3-2 中填写对应的零部件名称。

表 5-3-2　　　　　　　　　　　电磁感应式轮速传感器结构

序号	零部件名称	序号	零部件名称
1	电缆	4	感应线圈
2	永磁体	5	极轴
3	外壳	6	齿圈

3．轮速传感器的工作原理

电磁感应式轮速传感器的工作原理如图 5-3-5 所示。传感器齿圈随车轮旋转与传感器头极轴做相对运动。传感器头被线圈包围直接安装于线圈上方，传感器头与齿圈之间的间隙约为 1 mm。极轴与永磁体相连接，永磁体的磁通延伸到齿圈并与它构成磁路。齿圈一般安装在 轮毂 或轴座上，对于后轮驱动的车辆，齿圈也可安装在 差速器 或传动轴上。永磁体产生一定强度的 磁场 ，齿圈在磁场中旋转时，齿圈齿顶与电极之间的间隙以一定的速度变化，这样就使齿圈和电极组成的磁路中的 磁阻 发生变化。其结果使 磁通量 周期性增减，在线圈两端产生正比于磁通量增减速度的 感应电压 。轮速传感器的输出信号为 正弦 波形，其频率变化与轮速相对应。ABS 电控单元通过检测感应电动势的 频率变化 来检测车轮速度。

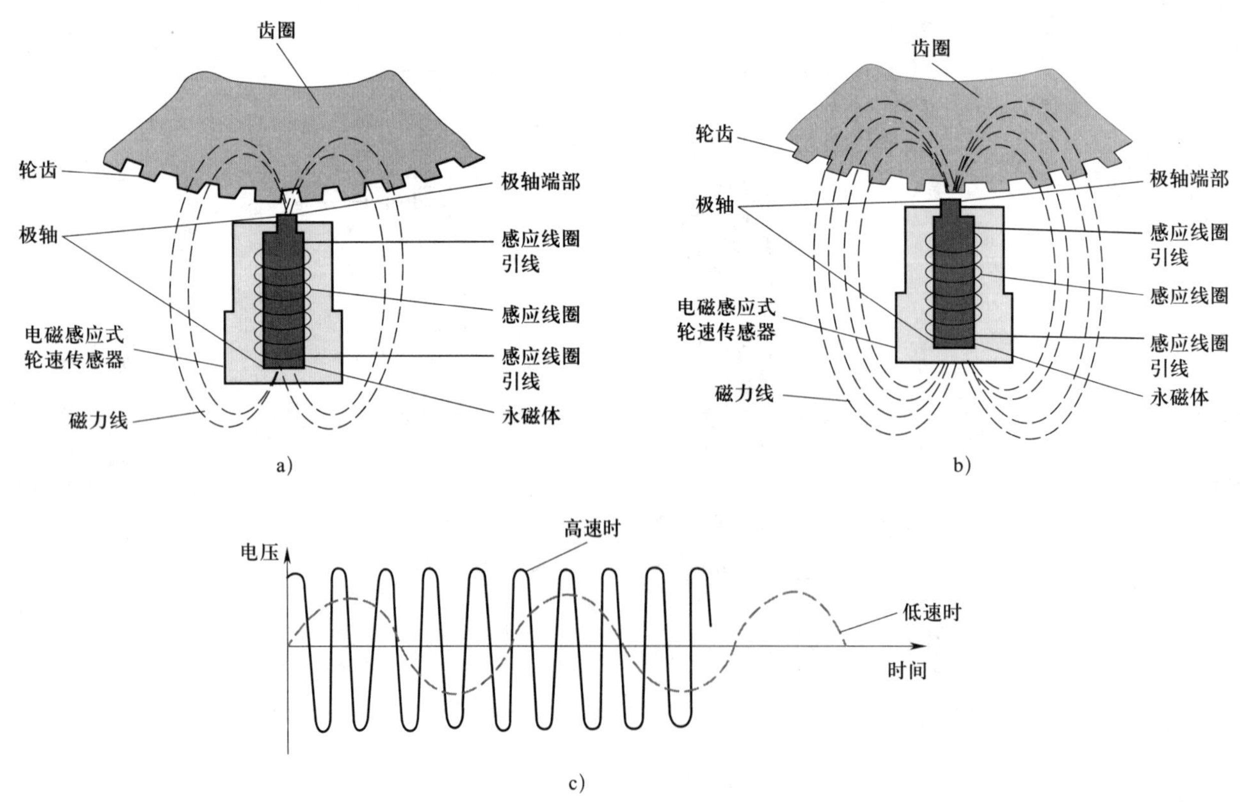

图 5-3-5　电磁感应式轮速传感器的工作原理

a）电磁感应磁场较弱　b）电磁感应磁场较强　c）电磁感应式轮速传感器产生的交变电压

电磁感应式轮速传感器的工作过程如下。

（1）当齿圈的__齿隙__与传感器的极轴端部相对时，极轴端部与齿圈之间的空气隙__最大__，通过磁感应线圈的磁通量__最小__，如图 5-3-5a 所示。

（2）当齿圈的__齿顶__与传感器的极轴端部相对时，极轴端部与齿圈之间的空气隙__最小__，通过磁感应线圈的磁通量__最大__，如图 5-3-5b 所示。

（3）齿圈的齿顶和齿隙交替地与极轴端部相对，周围磁场发生强弱交替变化，感应出__交变__电压，如图 5-3-5c 所示。

四、轮速传感器的检查与更换

查阅资料，完成电磁感应式轮速传感器的检查与更换，并将表 5-3-3、表 5-3-4 和表 5-3-5 填写完整。

1．轮速传感器的外观和线路松脱的检查

表 5-3-3　　轮速传感器的外观和线路松脱检查

作业项目	操作步骤
检查轮速传感器的安装情况	举升__车辆__，拆下__车轮__，检查轮速传感器的安装情况
检查轮速传感器的外观	（1）检查齿圈轮齿有无__缺损__或__脏污__ （2）检查传感器头有无__松动__ （3）检查磁极与齿圈之间有无__脏污__ （4）检查传感器头与齿圈之间的间隙为__1__mm，是否正常：__正常__
检查轮速传感器的线路松脱情况	检查导线或连接器有无__松脱__

2．轮速传感器阻值的检查

表 5-3-4　　轮速传感器阻值的检查

传感器名称	阻值
左前轮轮速传感器	参考值：900 ~ 1 300 Ω
右前轮轮速传感器	参考值：900 ~ 1 300 Ω
左后轮轮速传感器	参考值：900 ~ 1 300 Ω
右后轮轮速传感器	参考值：900 ~ 1 300 Ω

3．轮速传感器的更换

表 5-3-5 轮速传感器的更换

作业项目	操作步骤	注意事项
拆卸轮速传感器	（1）断开蓄电池负极端子电缆 （2）举升车辆，拆卸车轮 （3）拆卸侧挡泥板、翼子板挡泥板等附件 （4）断开轮速传感器连接器、线束卡夹，拆下轮速传感器固定螺栓 （5）取下轮速传感器	（1）断开电缆后重新连接时，某些系统需要初始化 （2）拆下轮速传感器时，要防止异物粘在传感器端部，并应清洁轮速传感器的安装孔和表面
安装轮速传感器	（1）将轮速传感器装入安装孔 （2）安装轮速传感器固定螺栓、线束卡夹，将其插回轮速传感器连接器 （3）安装侧挡泥板、翼子板挡泥板等附件 （4）安装车轮，降下车辆 （5）安装蓄电池负极端子电缆	（1）安装前要清洁轮速传感器的安装孔和表面，要防止异物粘在传感器端部 （2）安装轮速传感器时，不要扭曲前轮轮速传感器线束

五、学习过程评价

学习过程评价见表 5-3-6。

表 5-3-6 学习过程评价表

班级		姓名		学号		日期	年　月　日
序号	评价要点				配分	得分	总评
1	能正确识读和填写工作页，明确学习活动要求				10		A □（86 ~ 100） B □（76 ~ 85） C □（60 ~ 75） D □（60 以下）
2	能查阅资料，写出轮速传感器的作用与分类				10		
3	能查阅资料，识别轮速传感器的安装位置				10		
4	能查阅资料，写出轮速传感器的组成和结构				10		
5	能查阅资料，写出轮速传感器的工作原理				10		
6	能按照规范完成轮速传感器的检查				10		
7	能按照规范完成轮速传感器的更换				10		
8	能遵守劳动纪律，以积极的态度接受工作任务				10		
9	能积极参与小组讨论，具有团队合作精神				10		
10	能及时完成教师布置的任务				10		
总　分					100		
小结建议							

学习活动 4　液压泵总成的检查与更换

学习目标

1. 能描述液压泵总成的作用与组成。
2. 能完成液压泵总成的检查与测试。
3. 能完成液压泵总成的更换。

建议学时：4 学时。

学习过程

一、液压泵总成的作用与组成

1．液压泵总成的作用

在汽车上，液压泵总成又称制动执行器总成，由＿执行器＿和＿ABS 电子控制单元＿组成。＿执行器＿的作用是调节＿制动总泵＿至各制动分泵的液压制动力。

2．液压泵总成的组成

（1）汽车液压泵总成如图 5-4-1 所示，查阅资料，对其各组成零部件进行认知，并将相应序号填入表 5-4-1 中。

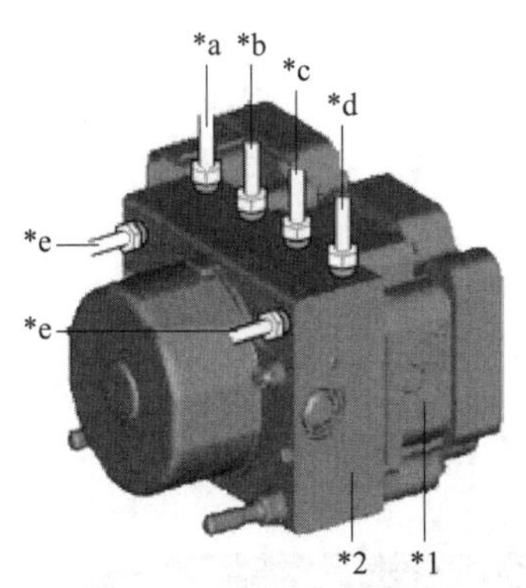

图 5-4-1　汽车液压泵总成

表 5-4-1　汽车液压泵总成零部件

零部件名称	对应序号
ABS 电子控制单元	*1
执行器	*2
至左前分泵	*a
至右后分泵	*b
至左后分泵	*c
至右前分泵	*d
来自制动总泵	*e

（2）查阅资料，在表 5-4-2 中填写卡罗拉汽车液压泵总成各零部件的功能。

表 5-4-2　　卡罗拉汽车液压泵总成各零部件的功能

液压泵总成零部件	功能
电动机继电器 （又称马达继电器）	向液压泵电动机供电
电磁阀继电器	向电磁阀供电
ABS 电子控制单元	根据来自传感器和开关的信号判断车辆行驶状态，并将制动控制信号发送至制动执行器
液压泵电动机	驱动制动执行器内的液压泵
电磁阀	在制动控制系统功能运行期间，根据来自 ABS 电子控制单元的信号改变制动液的流动路径以控制施加到制动分泵上的液压

二、液压泵总成的检查与测试

根据表 5-4-3 的提示，使用元征 X-431 PRO3S 故障诊断仪对液压泵总成相关部件的工作情况进行检查与测试，并写出主要步骤。

表 5-4-3　　液压泵总成的检查与测试

作业项目	操作内容与结果
1. 连接故障诊断仪	（1）将点火开关置于 OFF 位置时，将故障诊断仪连接到 DLC3 （2）将点火开关旋至 ON 位置 （3）启动 X-431 故障诊断仪
2. 打开“动作测试”页面	选择车辆品牌，根据菜单提示进入“动作测试”页面  菜单显示 中国丰田 V49.75 > 16PIN诊断座(欧洲及其他区域) > GTMC(广州丰田)产品 > 2017.05以后 > 底盘 > ABS(防抱死制动系统)/VSC(车辆稳定性控制)/TRC(牵引力控制) 马达继电器 / ABS(防抱死制动系统)警告灯 制动警告灯 / ABS 电磁阀 (右前保持) ABS 电磁阀 (右前释放) / ABS 电磁阀 (左前保持) ABS 电磁阀 (左前释放) / ABS 电磁阀 (右后保持) ABS 电磁阀 (右后释放) / ABS 电磁阀 (左后保持) ABS 电磁阀 (左后释放) / ABS(防抱死制动系统)电磁阀 中国丰田 Levin 2017 VIN码 LFMAP86C0H0711867

续表

作业项目	操作内容与结果
3. 检查马达继电器的工作情况	（1）选择“马达继电器” 注意：确认车辆已停止，为保护对电流敏感的执行器和电磁线圈，本测试将持续 2～5 s （2）点击“ 接通 ”按钮，听到 3 s“ 嗡嗡 ”响声 （3）点击“断开”按钮或 5 s 自动断开 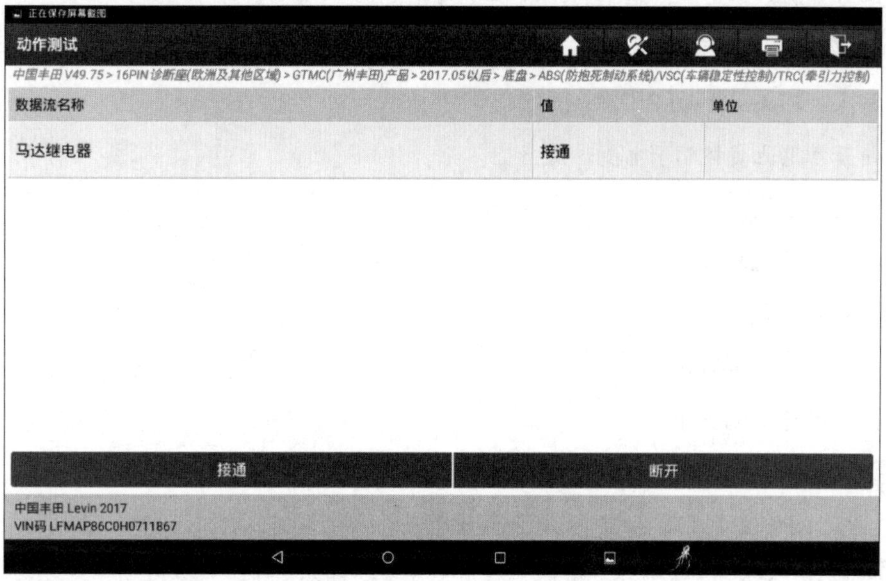
4. 检查 ABS 警告灯的工作情况	（1）选择“马达继电器” （2）点击“接通”按钮，听到 3 s“嗡嗡”响声 （3）点击“断开”按钮或 5 s 自动断开
5. 检查制动警告灯的工作情况	（1）选择“制动警告灯” 注意：确认车辆已停止，驻车制动已打开，换挡位置在 P 挡，此时制动警告灯处于熄灭状态 （2）点击“接通”按钮，仪表制动警告灯点亮 3 s 后自动熄灭
6. 检查 ABS 电磁阀（右前保持）的工作情况	（1）选择“ABS 电磁阀（右前保持）” 注意：确认车辆已停止，为保护对电流敏感的执行器和电磁线圈，本测试将持续 2 ～ 5 s。驻车制动打开，换挡位置在 P 挡 （2）点击“接通”按钮，听到“嗒”一声响 （3）点击“断开”按钮或 5 s 自动断开
7. 依次检查其他电磁阀的工作情况	参照以上方法，依次检查其他电磁阀，查看其工作情况

三、液压泵总成的更换

1．准备工作及附件的拆卸

查阅资料，写出液压泵总成更换前的准备工作及附件的拆卸流程。

答：

（1）准备工作：需准备如下设备、工量具、材料、学习资料等。

1）设备：丰田卡罗拉 1.6 GL 轿车、举升机、制动液回收桶、制动系统排气设备。

2）工量具：拆装工具套装、连接螺母扳手。

3）材料：翼子板三件套、室内防护五件套、标签纸、制动执行器总成密封塞、制动液、抹布。

4）学习资料：丰田卡罗拉 1.6 GL 轿车维修手册。

（2）附件的拆卸流程如下。

1）将点火开关置于 OFF 位置。

2）断开蓄电池负极端子电缆。

3）排空制动液。

4）拆卸 2 号气缸盖罩。

5）拆卸带空气滤清器软管的空气滤清器盖。

6）拆卸空气滤清器分总成。

2．液压泵总成的拆卸

查阅资料，补全液压泵总成的拆卸步骤。

（1）从 ABS 电子控制单元 上断开连接器。

（2）分离 卡爪 a 并举升 锁杆 ，如图 5-4-2 所示。

（3）接合 卡爪 b 并从液压泵总成上断开 连接器 。

（4）分离卡夹并从液压泵总成上分离线束。

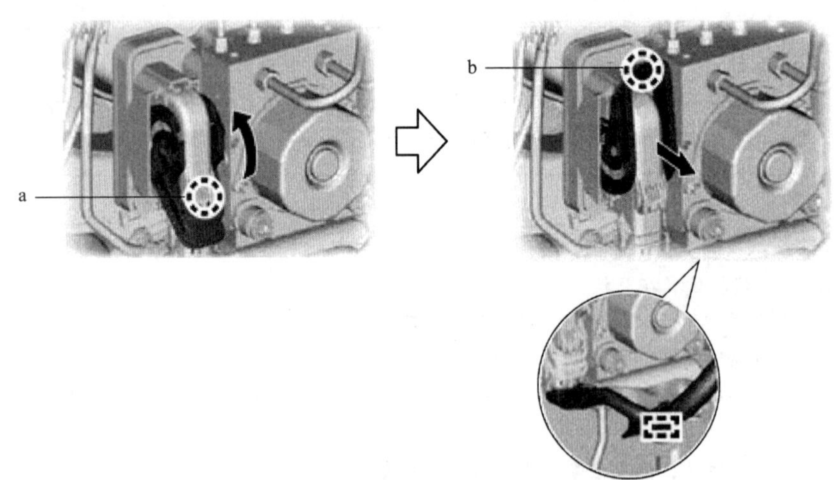

图 5-4-2　拆卸液压泵总成连接器

a—分离卡爪　b—接合卡爪

（5）使用 标签纸或做好记录 ，识别重新连接时制动管路的位置，如图 5-4-3 所示。

（6）使用 细管扳手 ，从液压泵总成上断开 6 根制动管路。在液压泵总成上塞上 密封塞 ，以防止 制动液漏出或脏污进入 。

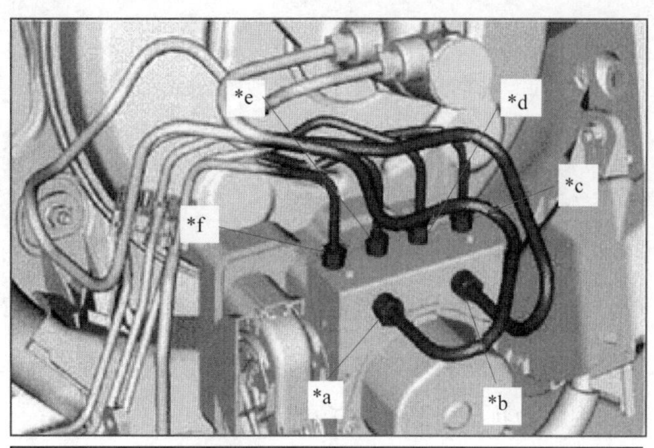

*a	自总泵分总成第一油室
*b	自总泵分总成第二油室
*c	至右前分泵总成
*d	至左后分泵总成
*e	至右后分泵总成
*f	至左前分泵总成

图 5-4-3　制动管路的连接位置

（7）分离各卡夹以从液压泵总成支架上分离 2 号燃油管卡夹和前 4 号制动管。

（8）从车身上拆下 3 个＿螺母＿和＿带支架的制动执行器＿，如图 5-4-4 所示。

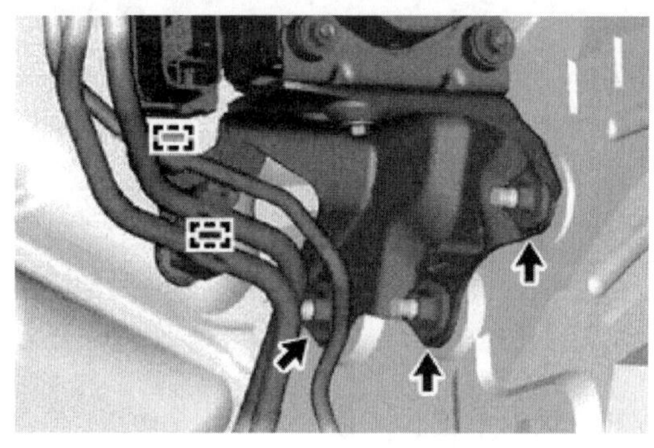

图 5-4-4　支架螺母的拆卸

（9）从液压泵总成支架上拆下＿紧固螺栓、2 个螺母和制动执行器总成＿，如图 5-4-5 所示。

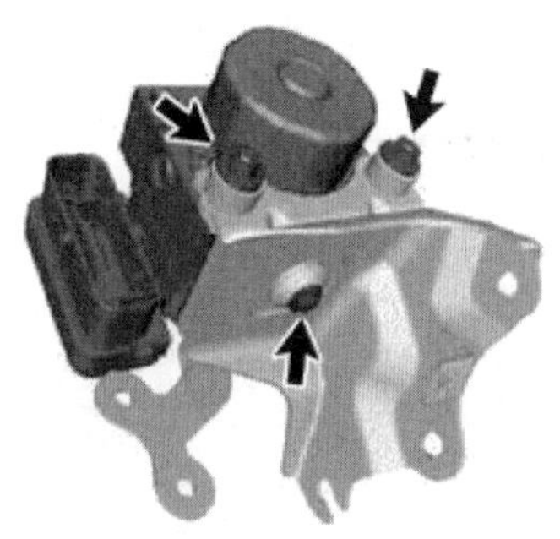

图 5-4-5　液压泵总成支架的拆卸

3．液压泵总成的安装

查阅资料，参照液压泵总成的拆卸步骤，写出液压泵总成的安装步骤。

（1）按顺序紧固螺栓和 2 个新螺母，将制动执行器总成安装到制动执行器支架上。

扭矩：螺栓 5.4 N · m，螺母 7.5 N · m

注意事项：连接制动管路前，不要拆下新制动执行器总成的孔塞，因为总成内装有制动液。

（2）按顺序紧固 3 个螺母，将带支架的制动执行器安装到车身上，扭矩为 19 N · m。

（3）接合各卡夹，将 2 号燃油管卡夹和前 4 号制动管安装到制动执行器总成支架上。

（4）将各制动管路暂时紧固到制动执行器总成的正确位置上。

（5）使用细管扳手完全紧固各制动管路。扭矩：*a、*b 处为 19.5 N · m，其他管路处为 15.2 N · m（见图 5–4–3）。

（6）接合卡夹，将线束安装到制动执行器总成上。

（7）将连接器连接到制动执行器总成上并分离卡爪 b（见图 5–4–2）。

（8）拉下锁杆，将卡爪 a 接合到连接器锁杆上（见图 5–4–2）。

（9）将连接器连接到 ABS 电子控制单元上。

4．附件的安装

查阅资料，参照附件的拆卸流程完成附件的安装。

5．检查与校准

查阅资料，写出液压泵总成更换后的检查与校准方法。

答：

更换后的检查：参考维修手册，使用 X–431 PRO3S 故障诊断仪进入“动作测试”页面，分别检查执行器电动机与四个车轮的工作情况。

校准方法：

（1）使用 X431 PRO3S 故障诊断仪进入卡罗拉“特殊功能”页面。

（2）点击“特殊功能”。

（3）校准要求：车辆位于平坦表面上，转向盘处于正前位置，换挡杆处于驻车位置，发动机未运转，点火开关位于 ON 挡。

（4）使车辆保持静止 2 s 或更长时间，进入下一步。

（5）当 ABS 灯闪亮时，校准完成；否则应重新校准。

四、学习过程评价

学习过程评价见表 5–4–4。

表 5-4-4　　学习过程评价表

班级		姓名		学号		日期	年　月　日
序号	评价要点				配分	得分	总评
1	能正确识读和填写工作页，明确学习活动要求				10		A□（86～100） B□（76～85） C□（60～75） D□（60 以下）
2	能查阅资料，写出液压泵总成的作用与组成				20		
3	能使用故障诊断仪完成液压泵总成的检查与测试				20		
4	能按照规范完成液压泵总成的拆卸				10		
5	能按照规范完成液压泵总成的安装				10		
6	能遵守劳动纪律，以积极的态度接受工作任务				10		
7	能积极参与小组讨论，具有团队合作精神				10		
8	能及时完成教师布置的任务				10		
总　分					100		
小结 建议							

学习活动5　ABS控制电路的检修

学习目标

1. 能识读ABS控制电路图。
2. 能分析ABS控制电路常见故障。
3. 能完成ABS控制电路的检修。

建议学时：4学时。

学习过程

一、ABS控制电路图的识读

查阅资料，分析丰田卡罗拉汽车ABS控制电路图中的电源、开关信号、轮速传感器、ABS故障警告灯控制电路，如图5-5-1、图5-5-2、图5-5-3所示。

注意：图中A41（A）即*2表示不带VSC（车身稳定控制系统）车型ABS液压泵总成的连接器，图中A42（B）即*1表示带VSC车型ABS液压泵总成的连接器。

1. 电源、开关信号控制电路

ABS液压泵总成共有__3__个供电电源，端子分别为__A42-1或A41-1__、__A42-25或A41-25__和__A42-28或A41-28__。同时，接收两个信号CSW、STP，端子分别为__A42-9__和__A42-30或A41-30__。

2. 轮速传感器控制电路

ABS液压泵总成接收__4__个轮速传感器信号，分别为__左前__、__右前__、__左后__、__右后__轮速传感器信号。ABS液压泵总成共有__2__个接地，端子分别为__A42-38或A41-38__和__A42-13或A41-13__。ABS液压泵总成与组合仪表总成之间的信息传递方式是__CAN总线__。

3. ABS故障警告灯控制电路

组合仪表总成共有__2__个供电电源，端子分别为__E55-39__和__E55-40__；有__1__个接地，端子为__E55-21__。当ABS电路发生故障时，ABS液压泵总成通过CAN总线发送信息，点亮仪表盘上的__ABS故障警告灯__。

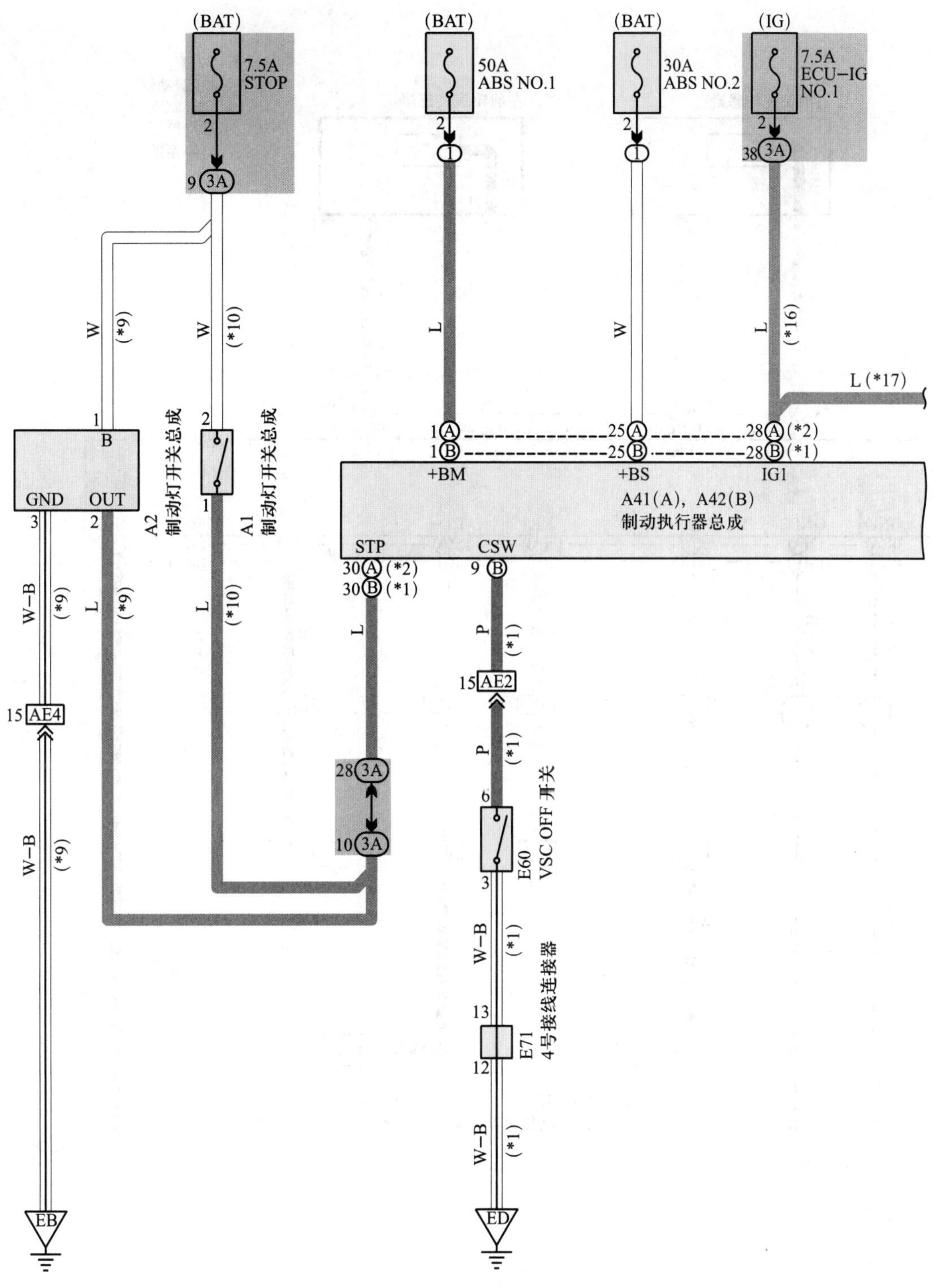

图 5-5-1　ABS 电源、开关信号控制电路

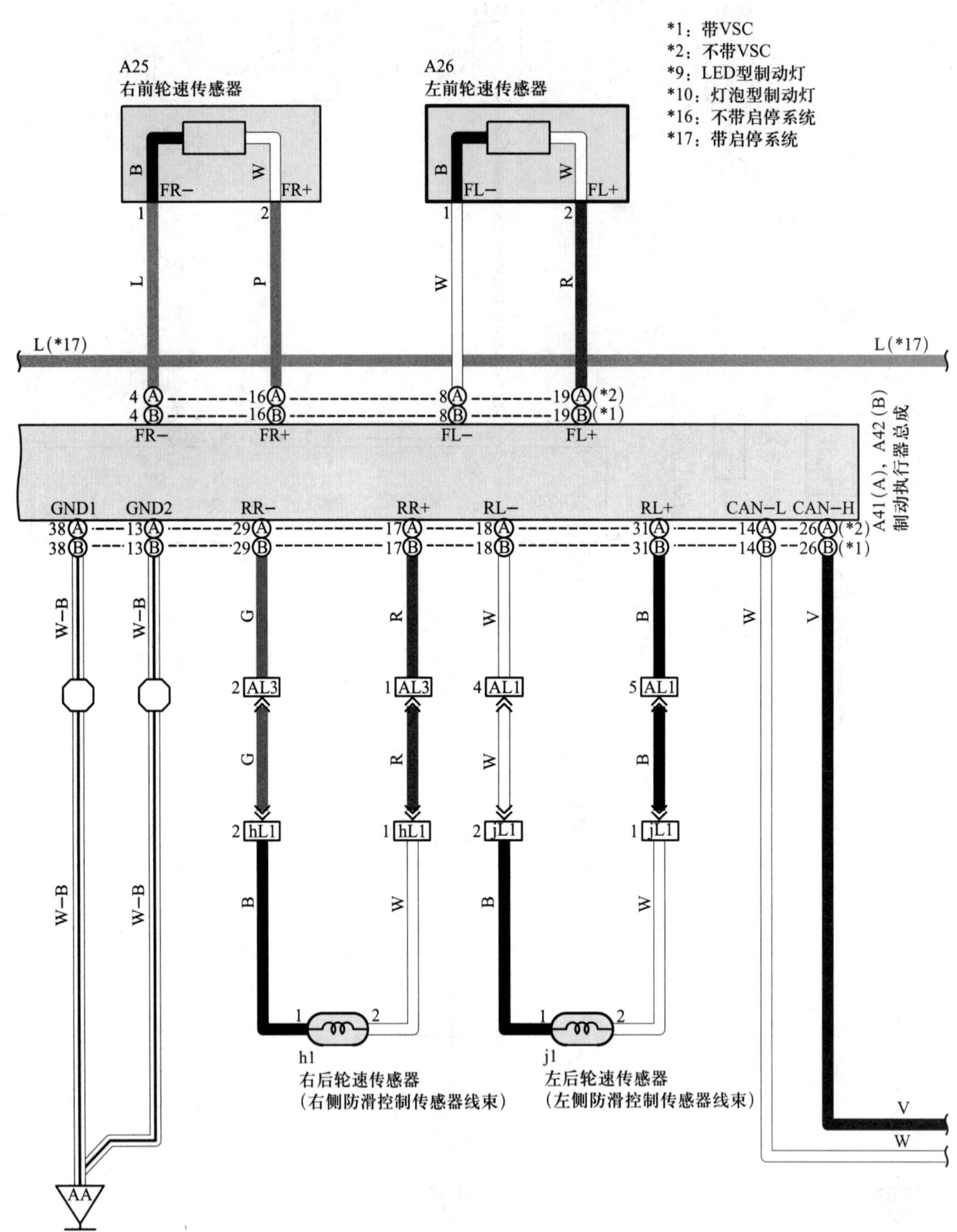

图 5-5-2　ABS 轮速传感器控制电路

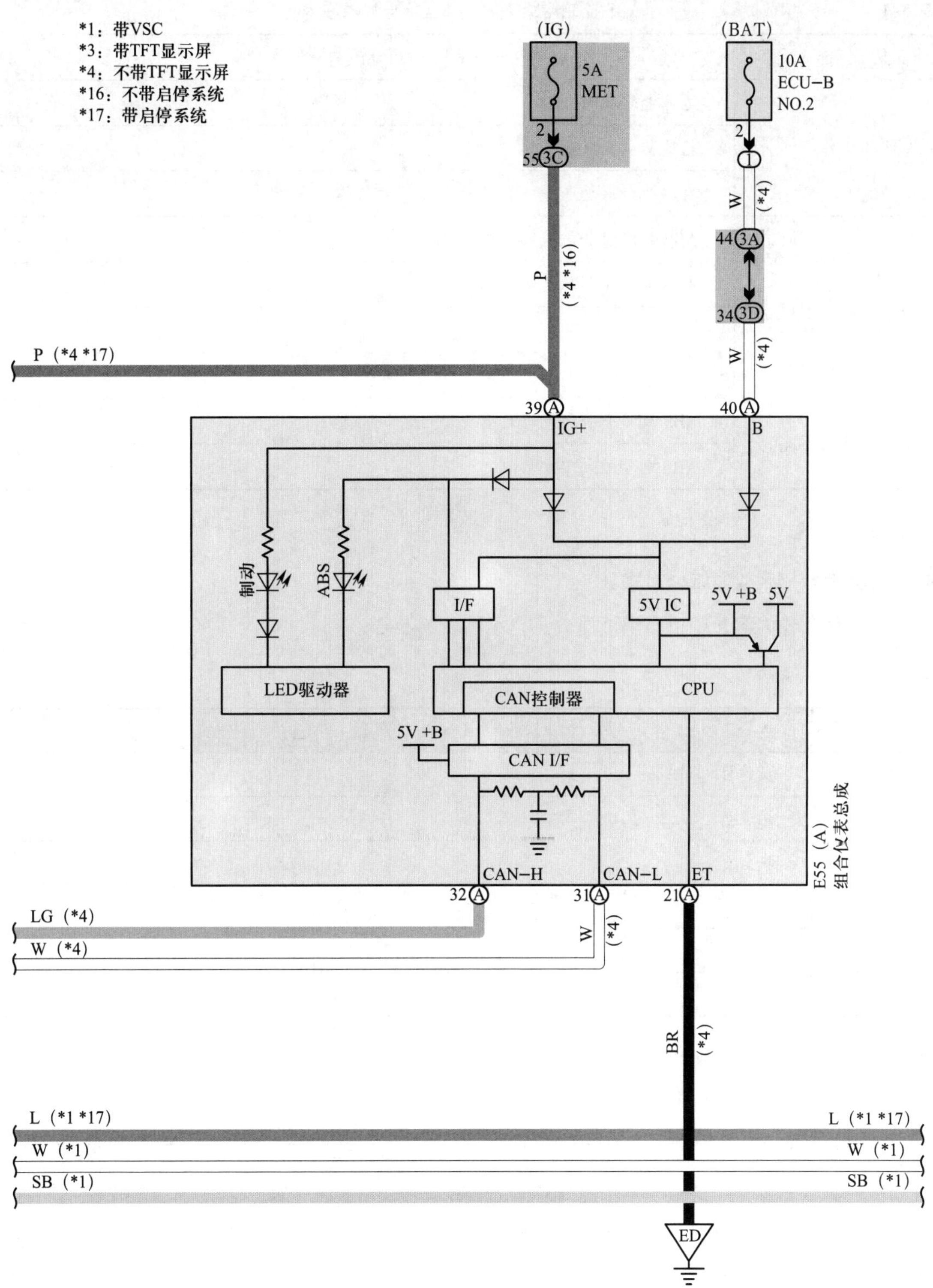

图 5-5-3　ABS 故障警告灯控制电路

二、ABS 控制电路常见故障

1．分析故障原因

查阅资料，在表 5-5-1 中写出 ABS 控制电路常见故障可能的故障原因。

表 5-5-1 ABS 控制电路常见故障现象与故障原因

故障现象	可能的故障原因
ABS 不工作	电源电路故障
	轮速传感器电路故障
	制动执行器总成或 ABS 电子控制单元故障
ABS 故障警告灯一直亮	ABS 故障警告灯电路故障
	ABS 电子控制单元故障
ABS 故障警告灯不亮	ABS 故障警告灯电路故障
	ABS 电子控制单元故障

2．制定维修方案

根据任务要求，制定故障维修方案。

（1）根据具体工作内容，明确小组成员分工，填写表 5-5-2。

表 5-5-2 小组成员分工

姓名	分工
×××	操作员
×××	记录员
×××	安全员

（2）根据要求列出维修所需主要工具及材料清单，填写表 5-5-3。

表 5-5-3 维修所需主要工具及材料清单

序号	工具及材料名称	单位	数量	备注
1	故障诊断仪	台	4	
2	万用表	台	4	
3	熔丝	个	若干	
4	电工胶布	卷	4	

（3）根据小组分工情况及客户要求，制定具体的维修工序，填写表 5-5-4。

表 5-5-4　维修工序安排

序号	维修工序内容	备注
1	使用故障诊断仪读取故障码，查看是否有 CAN 通信故障	
2	检查制动执行器总成线束连接器是否连接牢固	
3	检查电源电压	
4	检查线束和连接器（电源端子与搭铁端子）	
5	使用故障诊断仪进行 ABS 故障警告灯主动测试	
6	根据测试情况，判断、更换制动执行器总成或检查仪表系统	

三、ABS 控制电路的检修

1．基础检查

ABS 电子控制单元线束连接器 A41 如图 5-5-4 所示。查阅资料，将 ABS 控制电路基础检查的内容填写完整。

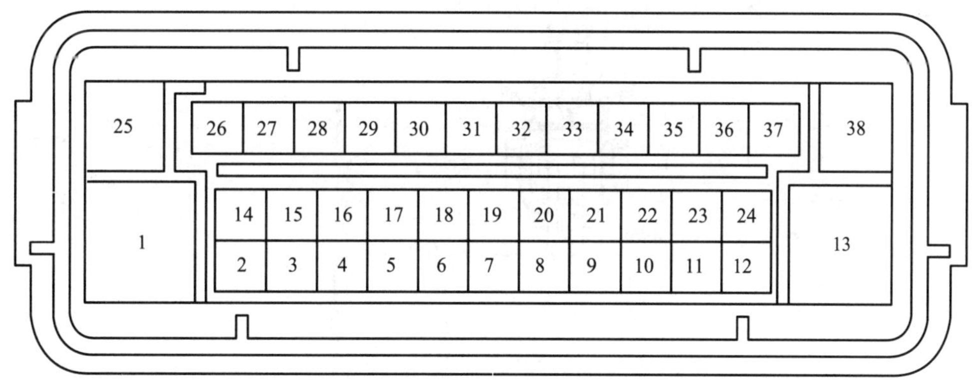

图 5-5-4　ABS 电子控制单元线束连接器 A41

（1）检查 ABS 电子控制单元线束插头安装是否__正确__，外观是否__完好__，插头是否连接__良好__。拔出连接器，观察其是否有__锈蚀或松动__。

（2）ABS 电子控制单元的熔丝有__ABS NO.1__、__ABS NO.2__、__ECU-IG NO.1__，使用万用表检查熔丝的电阻和电压是否正常。

（3）使用万用表检查蓄电池电压为__12__V。

2．连接器 A41 的电压与电阻的检查

断开连接器 A41。查阅资料，测量并填写线束侧端子的电压与电阻值，见表 5-5-5。

表 5-5-5　ABS 控制单元端子检测

端子编号（符号）	端子描述	条件	规定状态	检测值
A41-1（+BM）-车身搭铁	ABS 电动机继电器电源	始终	11 ~ 14 V	12 V
A41-13（GND2）-车身搭铁	液压泵电动机搭铁	始终	<1 Ω	0.5 Ω
A41-25（+BS）-车身搭铁	ABS 电磁阀继电器电源	始终	11 ~ 14 V	12 V
A41-28（IG1）-车身搭铁	IG1 电源输入	点火开关 ON	11 ~ 14 V	12 V
A41-30（STP）-车身搭铁	制动灯开关总成信号输入	制动灯开关总成 ON → OFF（制动踏板踩下→松开）	11 ~ 14 V → 1.5 V 或更低	12 V → 1.5 V
A41-38（GND1）-车身搭铁	ABS 电子控制单元（制动执行器总成）搭铁	始终	<1 Ω	0.5 Ω

3．轮速传感器电路的检查

（1）检查轮速传感器对地阻值

分别用万用表的<u>电阻挡</u>测量 4 个轮速传感器两个端子与<u>车身</u>之间的阻值，如图 5-5-5 所示，将测得的电阻值填入表 5-5-6 中。

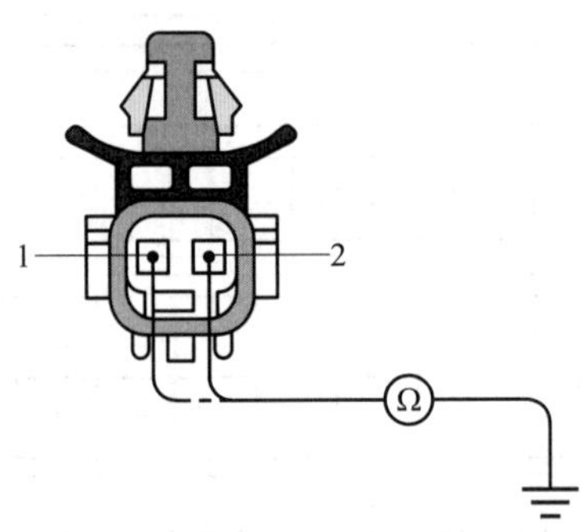

图 5-5-5　轮速传感器对地阻值的检查

若 R>10 kΩ，正常；否则，应更换轮速传感器。

表 5-5-6　轮速传感器对地阻值的测量

测量端子	电阻值	测量端子	电阻值
+FL- 车身搭铁	23 MΩ	+RL- 车身搭铁	23 MΩ
-FL- 车身搭铁	23 MΩ	-RL- 车身搭铁	23 MΩ
+FR- 车身搭铁	23 MΩ	+RR- 车身搭铁	23 MΩ
-FR- 车身搭铁	23 MΩ	-RR- 车身搭铁	23 MΩ

（2）检查轮速传感器线束

断开 ABS 电子控制单元线束连接器和轮速传感器连接器（见图 5-5-6），检查 ABS 电子控制单元至轮速传感器线束和连接器有无断路或短路，并将检测数值填入表 5-5-7 中。

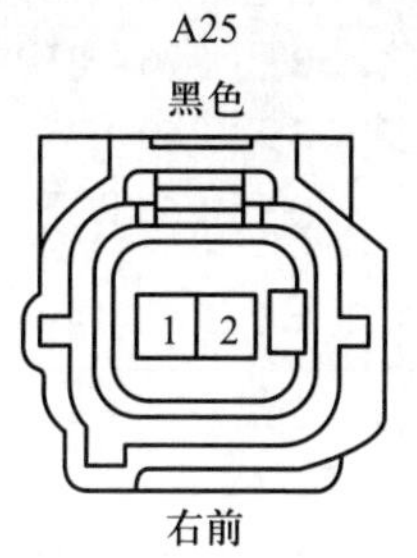

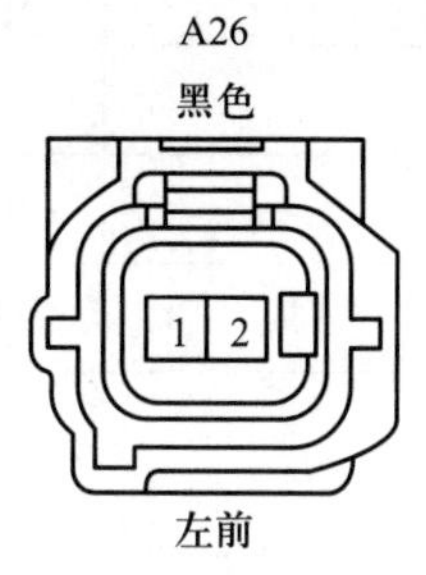

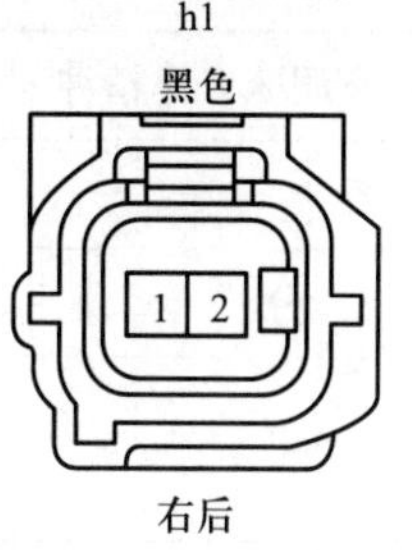

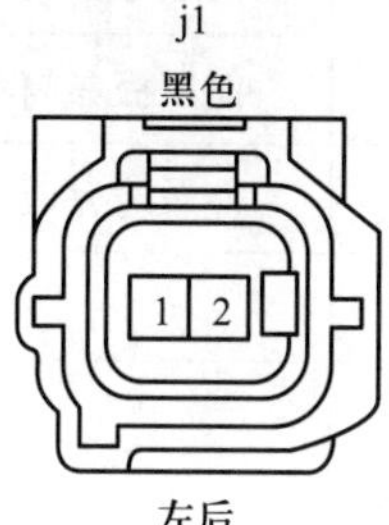

图 5-5-6　轮速传感器连接器

表 5-5-7　　轮速传感器线束的检查

测量端子	电阻值	测量端子	电阻值
A41-4 至 A25-1	0.5 Ω	A41-8 至 A26-1	0.5 Ω
A41-4 至车身搭铁	23 MΩ	A41-8 至车身搭铁	23 MΩ
A41-16 至 A25-2	0.5 Ω	A41-19 至 A26-2	0.5 Ω
A41-16 至车身搭铁	23 MΩ	A41-19 至车身搭铁	23 MΩ
A41-29 至 h1-1	0.5 Ω	A41-18 至 j1-1	0.5 Ω
A41-29 至车身搭铁	23 MΩ	A41-18 至车身搭铁	23 MΩ
A41-17 至 h1-2	0.5 Ω	A41-31 至 j1-2	0.5 Ω
A41-17 至车身搭铁	23 MΩ	A41-31 至车身搭铁	23 MΩ

ABS 电子控制单元至轮速传感器线束之间的电阻值应小于 1 Ω，与车身搭铁之间的电阻值应大于 10 kΩ，否则应更换 ABS 电子控制单元至轮速传感器之间的线束。

四、学习过程评价

学习过程评价见表 5-5-8。

表 5-5-8　　学习过程评价表

班级		姓名		学号		日期	年　月　日
序号	评价要点				配分	得分	总评
1	能正确识读和填写工作页，明确学习活动要求				10		A □（86～100） B □（76～85） C □（60～75） D □（60 以下）
2	能查阅资料，识读 ABS 控制电路图				20		
3	能查阅资料，写出 ABS 控制电路常见故障的故障原因				20		

续表

序号	评价要点	配分	得分	总评
4	能按照规范完成 ABS 控制电路的检修	20		A □（86 ~ 100） B □（76 ~ 85） C □（60 ~ 75） D □（60 以下）
5	能遵守劳动纪律，以积极的态度接受工作任务	10		
6	能积极参与小组讨论，具有团队合作精神	10		
7	能及时完成教师布置的任务	10		
总　分		100		
小结建议				

学习活动 6　工作总结与评价

学习目标

1. 能以小组形式，对学习过程和成果进行总结。
2. 能完成对学习过程的综合评价。

建议学时：2 学时。

学习过程

一、工作总结

在世界技能大赛中，要求选手具有一定的组织规划、沟通、创新等能力，这在实际的生产工作中是十分必要的。以小组为单位，选择演示文稿、展板、海报、视频等形式中的一种或几种，向全班展示、汇报学习成果。

二、综合评价

针对本任务的学习情况，根据表 5–6–1 所列综合评价标准进行评分。

表 5–6–1　　综合评价标准

评价项目	评价内容及标准	配分	评分		
			自我评价	小组评价	教师评价
工作组织和管理	团队合作，合理计划，高效管理时间	3			
	定期检查工作进展和效果	3			
	保证高质量完成工作	4			
沟通能力	深度咨询客户，完全理解其要求	10			
	提供明确说明，准确回答客户疑问	10			
计划创新能力	及时处理工作中遇到的问题	10			
	提出创新性、可行性建议，提高客户满意度	10			

续表

评价项目	评价内容及标准	配分	评分		
			自我评价	小组评价	教师评价
专业知识	具备汽车防抱死制动系统的组成及工作原理等知识	10			
	具备汽车防抱死制动系统故障灯亮故障检修知识	10			
实践能力	具备轮速传感器的检修技能	10			
	具备液压泵总成的检修技能	10			
	具备 ABS 控制电路的检修技能	10			
学生姓名		综合评价得分			
指导教师		日期			

三、学习任务五整体评价

学习任务五整体评价见表 5–6–2。

表 5–6–2　学习任务五整体评价表

项目	自我评价			小组评价			教师评价		
	10～9 分	8～6 分	5～1 分	10～9 分	8～6 分	5～1 分	10～9 分	8～6 分	5～1 分
	占总评 10%			占总评 30%			占总评 60%		
学习活动 1									
学习活动 2									
学习活动 3									
学习活动 4									
学习活动 5									
学习活动 6									
协作精神									
纪律观念									
表达与分析能力									
工作态度									
任务总体表现									
小计分									
总评分									

世赛知识

世界技能大赛奖牌与奖项设置

在世界技能大赛所有正式项目中，排名第一、第二、第三的选手原则上可获得金牌、银牌、铜牌。下面展示的是 2019 年第 45 届世界技能大赛上颁发的金牌、银牌和铜牌。

但是，在世界技能大赛上，金牌、银牌或铜牌的获得者在很多时候不是唯一的，如果两名（组）及两名（组）以上选手最终得分的分差小于 2 分，大赛允许以下列方式并列获奖。

◇ 两枚金牌，无银牌，一枚或一枚以上铜牌。

◇ 三枚及三枚以上金牌，无银牌。此外，若最后一名（组）金牌选手与后一名（组）选手分差不超过 2 分，可颁发一枚或一枚以上铜牌。

◇ 一枚金牌，两枚或两枚以上银牌。此外，若最后一名（组）银牌选手与后一名（组）选手分差不超过 2 分，可颁发一枚或一枚以上铜牌。

◇ 一枚金牌，一枚银牌，两枚或两枚以上铜牌。

除金牌、银牌、铜牌外，每个竞赛项目还会在选手中评选出优胜奖获得者。优胜奖通常由多名（组）选手获得，选手得分达到或超过 700 分但未获奖牌者可获得优胜奖。另外，世界技能大赛还设置了“国家（地区）最优选手”“阿尔伯特·维达大奖”等奖项。

通常，每个参赛国家或地区参赛选手中得分最高或获最高奖牌且获本国（地区）技术代表提名者将被授予“国家（地区）最优选手”奖项。在第 44 届世界技能大赛上，我国数控铣项目选手杨登辉获此殊荣。

阿尔伯特·维达大奖是以世界技能组织创始人阿尔伯特·维达先生的名字命名的奖项，该奖项用于奖励每一届世界技能大赛获得所有参赛项目最高分的选手。在第44届世界技能大赛上，我国工业机械装调项目选手宋彪荣膺此殊荣。

世界技能大赛上所有未获得奖牌或奖项的参赛选手可以获得参赛证书，这同样是一种荣誉。

学习任务六　汽车行驶跑偏故障检修

学习目标

1. 能描述汽车行驶系统的作用及组成。
2. 能识别汽车行驶系统各总成主要部件的安装位置。
3. 能描述车轮的作用及组成。
4. 能描述轮辋的结构、类型及规格。
5. 能描述轮胎的类型、结构及型号。
6. 能描述悬架的作用、类型及悬架系统的组成。
7. 能完成悬架系统减振效果的检查。
8. 能完成减振器的拆装、检查与更换。
9. 能完成轮胎的检查与更换。
10. 能完成四轮定位的检查与调整。
11. 能对维修场地设备进行日常维护与保养，按6S管理规定要求清理现场。
12. 能对相关资料、互联网资源进行检索，完成维修工单、工作页的填写。
13. 能展示工作成果，进行任务评价，总结工作经验，优化检修方案。
14. 能在作业过程中严格按照企业操作规范操作，严格遵守安全生产制度、环保管理制度和从业人员职业道德，具有吃苦耐劳、爱岗敬业的工作态度和职业精神。

建议学时

20学时。

工作情境描述

一辆丰田卡罗拉轿车在水平路面直线行驶时，车主将转向盘回正居中，不施加转向力，车身有明显向右行驶的跑偏现象，必须用手往左拉动转向盘才能使车身保持直线行驶。维修技术人员根据车主描述的故障现象及路试情况初步判断为汽车行驶系统故障引起的行驶跑偏。经检查，前轮右侧的轮胎花纹出现严重偏磨现象，同时还发现减振弹簧变形。汽车维修人员需要对相关部件进行拆检，根据维修手册相关要求，在规定时间内，参照维修资料完成汽车行驶系统的检查与零部件的更换工作，自检合格后交付班组长验收。

工作流程与活动

1．汽车行驶系统的认知（4 学时）

2．轮胎的检查与更换（4 学时）

3．悬架的检查与更换（6 学时）

4．四轮定位的检查与调整（4 学时）

5．工作总结与评价（2 学时）

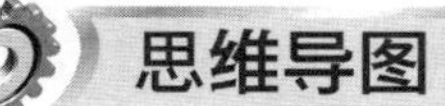

思维导图

- 学习任务六 汽车行驶跑偏故障检修
  - 学习活动1 汽车行驶系统的认知
    - 汽车行驶系统的作用
    - 汽车行驶系统的组成
      - 车架
      - 车桥
      - 悬架
      - 车轮
  - 学习活动2 轮胎的检查与更换
    - 车轮的作用及组成
      - 车轮的作用
      - 车轮的组成
    - 轮辋的结构、类型及规格
      - 轮辋的结构及类型
      - 轮辋规格的表示方法
    - 轮胎的类型、结构及型号
      - 轮胎的类型
      - 轮胎的结构及型号
    - 轮胎的检查
      - 轮胎胎压的检查
      - 轮胎磨损的检查
    - 轮胎的更换
      - 轮胎的拆卸
      - 轮胎的安装
      - 轮胎动平衡的检查
      - 轮胎的更换
  - 学习活动3 悬架的检查与更换
    - 悬架的作用及类型
      - 悬架的作用
      - 悬架的类型
    - 悬架系统的组成
      - 减振器
      - 减振弹簧
      - 横向稳定杆
    - 悬架系统减振效果的检查
      - 就车检查
      - 路试检查
      - 汽车底盘高度检查
    - 减振器的拆装与检查
      - 减振器拆卸前的准备工作
      - 减振器总成的拆卸
      - 减振器总成的分解
      - 减振器的检查
      - 减振器的安装
  - 学习活动4 四轮定位的检查与调整
    - 四轮定位的认识
      - 四轮定位的定义
      - 四轮定位的作用
      - 四轮定位的主要参数
    - 四轮定位仪的使用方法
      - 四轮定位仪的认识
      - 四轮定位仪的使用
    - 四轮定位的检查与调整
      - 四轮定位前的检查
      - 四轮定位的检查
      - 四轮定位的调整
  - 学习活动5 工作总结与评价
    - 工作总结
    - 综合评价
    - 学习任务六整体评价

学习活动1　汽车行驶系统的认知

学习目标

1. 能描述汽车行驶系统的作用与组成。
2. 能识别汽车行驶系统主要组成部件的安装位置。
3. 能描述车架、车桥的类型。
4. 能描述悬架的主要作用。

建议学时：4学时。

学习过程

一、汽车行驶系统的作用

汽车行驶系统是汽车底盘中重要的系统之一，其主要作用如下：

1．接收传动系统传递来的发动机转矩，并产生驱动力。

2．支撑汽车重量，传递路面作用于车轮上的各种力及力矩。

3．缓和冲击，减小振动，保证汽车的行驶平顺性。

4．与转向系统协调工作，控制汽车的行驶方向。

二、汽车行驶系统的组成

汽车行驶系统一般由车架、车桥、悬架和车轮四大部分组成。

货车行驶系统的结构如图6–1–1所示，写出各组成部件的名称。

轿车行驶系统的结构如图6–1–2所示，写出各组成部件的名称。

1．车架

（1）车架是跨接在各车桥之间的桥梁式结构，是整个汽车的安装基础，其作用是支撑连接汽车的各零部件并保证其正确的相对位置，承受来自汽车内外的负荷力。

（2）现代汽车绝大多数都具有作为整体骨架的车架，其结构形式常见的有中梁式车架、边梁式车架、无梁式车架、综合式车架，以及部分轿车和大型客车采用车身代替专门的车架，如图6–1–3、图6–1–4所示。

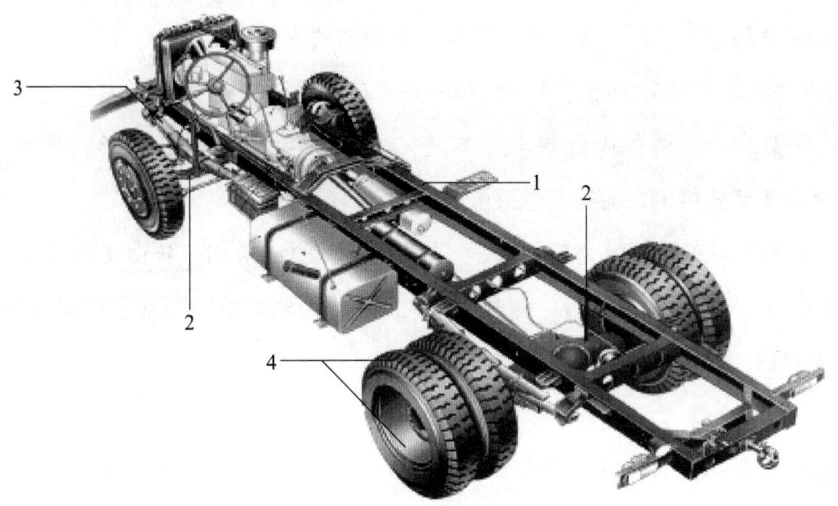

图 6-1-1　货车行驶系统的结构

1— 车架　2— 车桥　3— 悬架　4— 车轮

图 6-1-2　轿车行驶系统的结构

1— 悬架　2— 传动轴　3— 车轮　4— 车桥

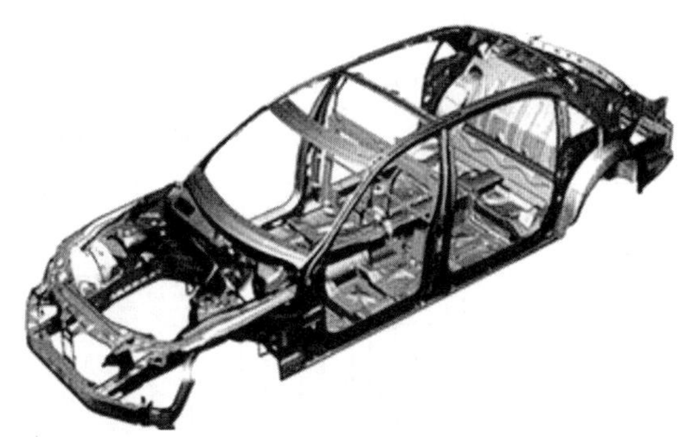

图 6-1-3　无梁式 车架

图 6-1-4　边梁式 车架

2．车桥

（1）车桥通过 悬架 与车架（或承载式车身）相连，两端安装 车轮 ，其作用是传递车架（或承载式车身）与车轮之间各方向的作用力。

（2）车桥的结构形式与悬架的结构以及传动系统的布置形式有关。

1）根据悬架结构不同，车桥分为整体式车桥和断开式车桥两种。

当采用非独立悬架时，车桥的中部是实心或空心的中心梁，这种车桥形式即为 整体 式车桥。断开 式车桥为活动关节式结构，与独立悬架配合使用。

2）根据驱动方式不同，车桥可分为转向桥、 支撑桥 、驱动桥和 转向支撑桥 四种。对于大多数采用前置后驱动（FR）的汽车，前桥作为 转向桥 ，后桥作为驱动桥；而对于前置前驱动（FF）的汽车，前桥则成为 转向支撑桥 ，后桥则作为支撑桥。

3．悬架

悬架主要由减振器、减振弹簧、导向装置三部分组成，起缓冲、减振、导向的作用，以及传递车轮与车架之间的各种力和力矩。

4．车轮

车轮是安装轮胎的骨架，也是将轮胎与车桥连接起来的旋转部件，车轮与轮胎位于车身与路面之间，是汽车行驶系统中的重要组成部分。

三、学习过程评价

学习过程评价见表 6–1–1。

表 6–1–1　　学习过程评价表

<table>
<tr><td>班级</td><td></td><td>姓名</td><td></td><td>学号</td><td></td><td>日期</td><td>年　月　日</td></tr>
<tr><td>序号</td><td colspan="4">评价要点</td><td>配分</td><td>得分</td><td>总评</td></tr>
<tr><td>1</td><td colspan="4">能正确识读和填写工作页，明确学习活动要求</td><td>10</td><td></td><td rowspan="10">A □（86 ~ 100）
B □（76 ~ 85）
C □（60 ~ 75）
D □（60 以下）</td></tr>
<tr><td>2</td><td colspan="4">能查阅资料，写出汽车行驶系统的作用与组成</td><td>15</td><td></td></tr>
<tr><td>3</td><td colspan="4">能查阅资料，认识汽车行驶系统各组成部件的安装位置</td><td>15</td><td></td></tr>
<tr><td>4</td><td colspan="4">能查阅资料，写出车架的主要类型</td><td>10</td><td></td></tr>
<tr><td>5</td><td colspan="4">能查阅资料，写出车桥的主要类型</td><td>10</td><td></td></tr>
<tr><td>6</td><td colspan="4">能查阅资料，写出悬架与车轮的作用与组成</td><td>10</td><td></td></tr>
<tr><td>7</td><td colspan="4">能遵守劳动纪律，以积极的态度接受工作任务</td><td>10</td><td></td></tr>
<tr><td>8</td><td colspan="4">能积极参与小组讨论，具有团队合作精神</td><td>10</td><td></td></tr>
<tr><td>9</td><td colspan="4">能及时完成教师布置的任务</td><td>10</td><td></td></tr>
<tr><td colspan="5">总　分</td><td>100</td><td></td></tr>
<tr><td>小结
建议</td><td colspan="7"></td></tr>
</table>

学习活动 2　轮胎的检查与更换

学习目标

1. 能描述车轮的作用及组成。
2. 能描述轮辋的结构、类型及规格。
3. 能描述轮胎的类型、结构及型号。
4. 能完成轮胎的检查与更换。

建议课时：4 学时。

学习过程

一、车轮的作用及组成

1．车轮的作用

车轮是介于车桥与轮胎之间承受负荷的旋转组件，用于安装轮胎，承受轮胎与＿车桥＿之间的各种作用力和力矩。

2．车轮的组成

如图 6–2–1 所示，车轮主要由 1—＿轮辋＿、2—＿轮辐＿、3—＿轮毂＿组成，按照轮辐的结构不同，车轮可分为＿辐板式＿和＿辐条式＿两种，如图 6–2–2、图 6–2–3 所示（在横线上填写车轮的类型）。

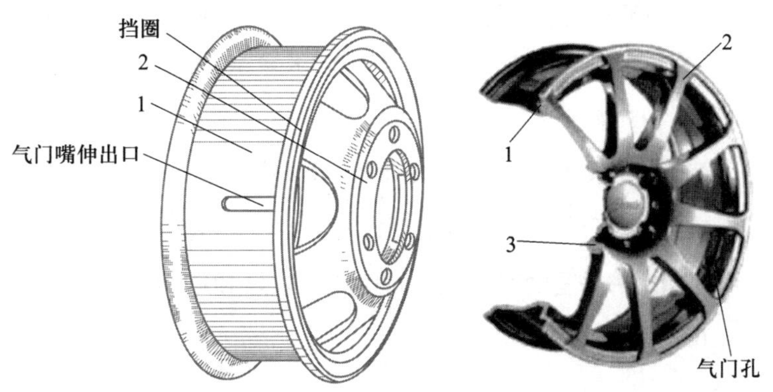

图 6–2–1　车轮的组成

图 6-2-2 ___辐板式___车轮

图 6-2-3 ___辐条式___车轮

二、轮辋的结构、类型及规格

1．轮辋的结构及类型

轮辋是安装轮胎的基础，按其结构不同可分为深槽轮辋、平底轮辋和对开式轮辋三种，如图 6-2-4、图 6-2-5 和图 6-2-6 所示（在横线上填写轮辋的类型）。

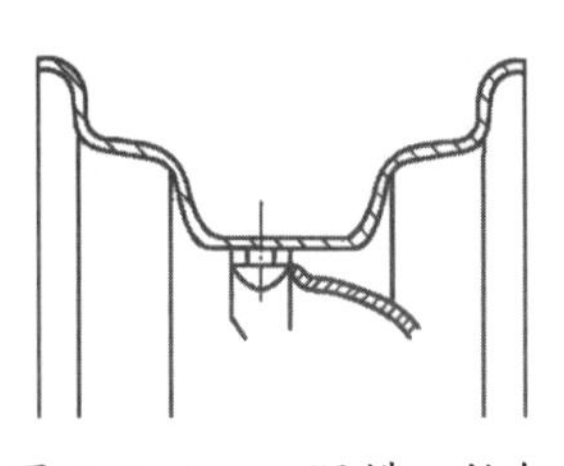

图 6-2-4 ___深槽___轮辋

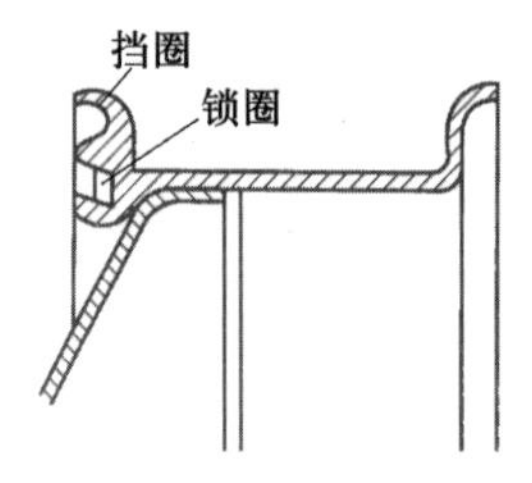

图 6-2-5 ___平底___轮辋

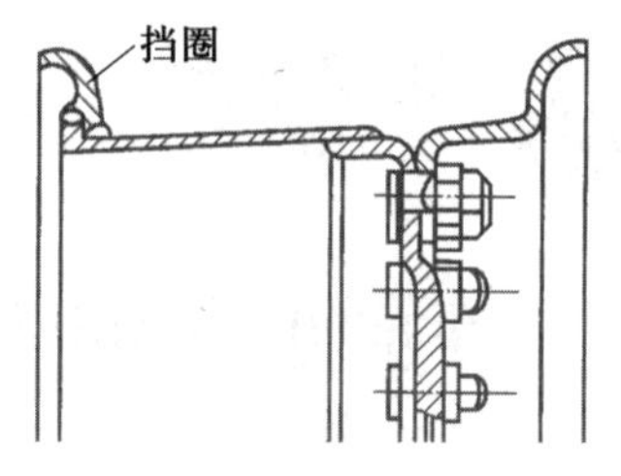

图 6-2-6 ___对开式___轮辋

2．轮辋规格的表示方法

国产轮辋规格的表示方法如图 6-2-7 所示。轮辋规格一般用轮辋名义宽度代号、轮辋高度代号、轮辋结构形式代号、轮辋名义直径代号及轮辋轮廓类型代号来表示。轮辋名义宽度和轮辋名义直径一般以英寸表示（当新设计轮胎以毫米表示直径时，轮辋直径用毫米表示）。轮辋名义直径数字前面的符号表示轮辋结构形式代号，符号“×”表示该轮辋为___一件式___轮辋，用符号“-”表示该轮辋为两件或两件以上的___多件式___轮辋。轮辋高度代号常用字母 C、D、E、F、G、H、J、K、…、W 等，其对应的高度值（用毫米表示）见表 6-2-1。

例如，北京 BJ2020 型汽车轮辋规格为 4.50E×16，表明该轮辋名义宽度为 4.5 英寸，名义直径为 16 英寸，“×”为一件式，轮辋轮廓类型代号 E 为深槽轮辋。对于平底式宽轮辋只有表示轮辋名义宽度和名义直径尺寸的数字，没有表示轮辋轮廓类型的字母代号。例如，东风 EQ1090 型汽车轮辋规格为 7.0-20，解放 CA1091 型汽车轮辋规格为 6.5-20。

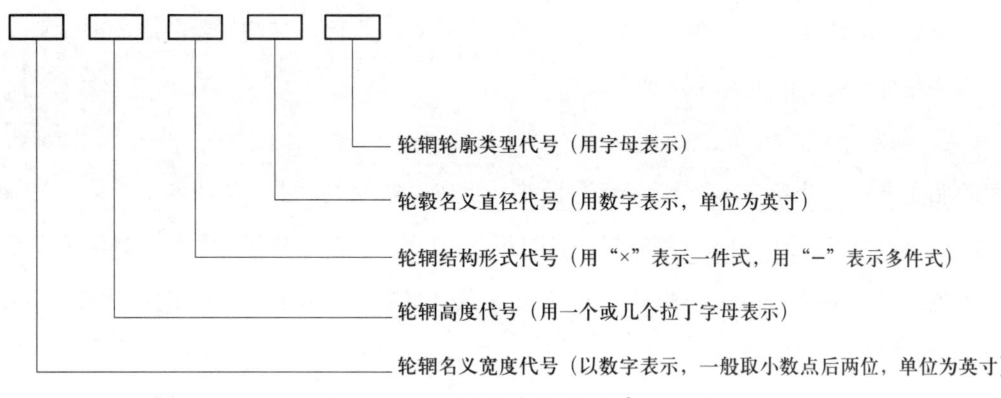

图 6–2–7　国产轮辋规格的表示方法

表 6–2–1　轮辋高度代号及对应的高度值 /mm

高度代号	C	D	E	F	G	H	J	K
高度值	15.88	17.45	19.81	22.23	27.94	33.73	17.27	19.26
高度代号	L	P	R	S	T	V	W	
高度值	21.59	25.40	28.58	33.33	38.10	44.45	50.80	

三、轮胎的类型、结构及型号

1．轮胎的类型

（1）轮胎安装在轮辋上，直接与路面接触，按胎体结构不同，轮胎可分为充气轮胎和实心轮胎两种，现代汽车绝大多数采用＿充气＿轮胎。

（2）按照轮胎内空气压力的大小，充气轮胎可分为高压胎、＿低压胎＿和超低压胎三种。

（3）按照轮胎保持空气的方法不同，充气轮胎可分为有内胎轮胎和无内胎轮胎两种，一般轿车采用＿无内胎＿轮胎，而货车则采用＿有内胎＿轮胎，如图 6–2–8、图 6–2–9 所示（在横线上填写轮胎的类型）。

图 6–2–8　＿无内胎轮胎＿

图 6–2–9　＿有内胎轮胎＿

（4）按照胎体帘线粘接方式不同，充气轮胎可分为普通斜交轮胎（交替斜纹黏布层轮胎、带束斜交轮胎）和＿子午线轮胎＿两种。斜交轮胎的胎体是斜线交叉的帘布层，而子午线轮胎的胎体帘线则是并排缠绕的，其胎体顶层常含有一层由钢丝编成的钢带。

2．轮胎结构及型号

（1）充气轮胎主要由＿外胎＿、＿内胎＿和＿胎垫＿组成。外胎主要由＿缓冲层（带束层）＿、＿胎圈保护＿、＿气密层＿、胎体和＿胎圈钢丝＿等组成，如图 6–2–10 所示（将图中组成部分的名称填写完整）。

（2）胎面是轮胎的外表面，分为＿胎冠＿、＿胎肩＿和＿胎侧＿三部分，胎面的结构如图 6–2–11 所示（将图中组成部分的名称填写完整）。

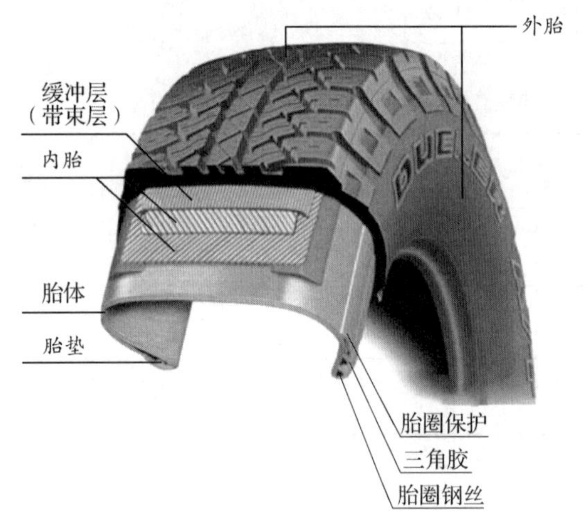

图 6–2–10　外胎的结构

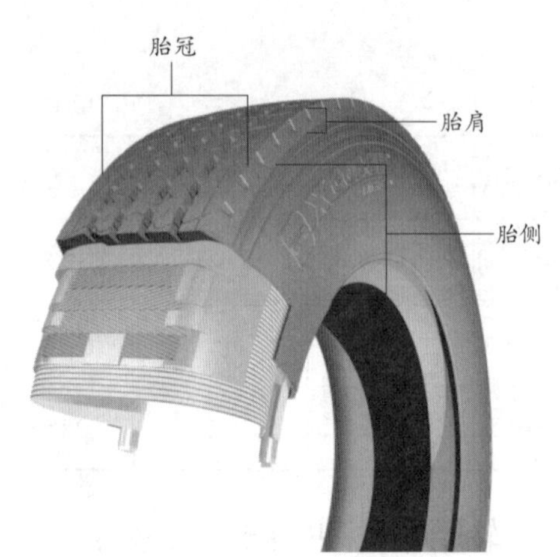

图 6–2–11　胎面的结构

（3）充气轮胎的尺寸规格如图 6–2–12 所示，可用外胎直径 D（单位为英寸）、轮辋直径 d（单位为英寸）、断面宽度 B（单位为英寸或毫米）的名义尺寸表示，通常表示为 D×B、B–d、BRd，其中，“×”表示高压胎，“–”表示低压胎，“R”表示子午线轮胎。轮胎速度等级和承重指数见表 6–2–2 和表 6–2–3。

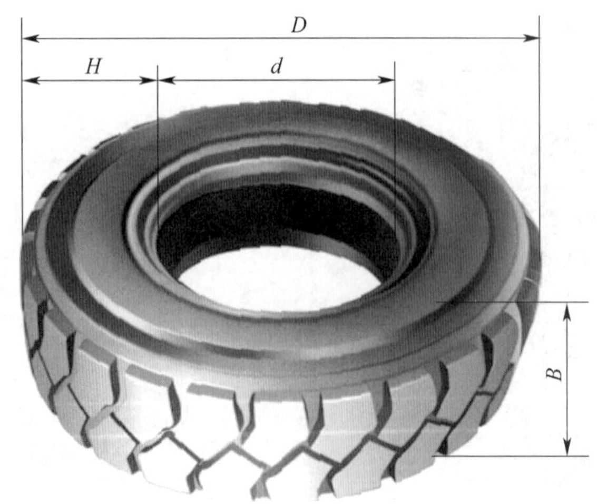

图 6–2–12　充气轮胎的尺寸规格

表 6-2-2　　轮胎速度等级

速度等级	最高时速 /（km/h）	适用范围
L	120	—
M	130	—
N	140	—
P	150	紧凑级轿车
Q	160	
R	170	
S	180	
T	190	
U	200	中高端轿车
H	210	
V	240	
W	270	大型豪华轿车、超级跑车等
Y	300	
ZR	超过 240	

表 6-2-3　　轮胎承重指数

承重指数	载质量 /kg	承重指数	载质量 /kg	承重指数	载质量 /kg
61	257	70	335	79	437
62	265	71	345	80	450
63	272	72	355	81	462
64	280	73	365	82	475
65	290	74	375	83	487
66	300	75	387	84	500
67	307	76	400	85	515
68	315	77	412	86	530
69	325	78	425	87	545

续表

承重指数	载质量 /kg	承重指数	载质量 /kg	承重指数	载质量 /kg
88	560	94	670	100	800
89	580	95	690	101	825
90	600	96	710	102	850
91	615	97	730	103	875
92	630	98	750	104	900
93	650	99	775	105	925

（4）轿车子午线轮胎的表示方法：以型号 105/60R13 99H TL 为例，描述各数字及字母的含义。

105：轮胎断面宽度；　　60：扁平率为 60%；

R：子午线轮胎；　　13：轮辋直径；

99：承重指数；　　H：速度等级；

TL：无内胎轮胎。

四、轮胎的检查

1．轮胎胎压的检查

（1）至少每个月检查一次所有轮胎在冷却情况下的气压，包括备胎在内，如图 6–2–13 所示。气压的常见单位有 MPa、kg/cm^2、kPa、PSI、bar，其换算关系为：

1 kg/cm^2= 100 kPa；　　1 kg/cm^2= 0.1 MPa；

1 kg/cm^2= 14.22 PSI；　　1 kg/cm^2= 1 bar。

图 6–2–13　轮胎气压的检查

（2）汽车生产厂家规定的轮胎标准胎压。标准胎压通常可以在汽车的驾驶员侧门柱、副驾驶员侧门柱及轮胎胎侧等位置找到。

2．轮胎磨损的检查

（1）轮胎磨损至磨损指示标记后应停止使用，如图 6–2–14 所示。

（2）轮胎生产日期标识如图 6-2-15 所示，该轮胎的生产日期为 2012 年第 11 周 。

图 6-2-14 轮胎磨损标记

图 6-2-15 轮胎生产日期标识

（3）轮胎磨损检查及原因分析

1）胎肩或胎面中间磨损如图 6-2-16 所示。

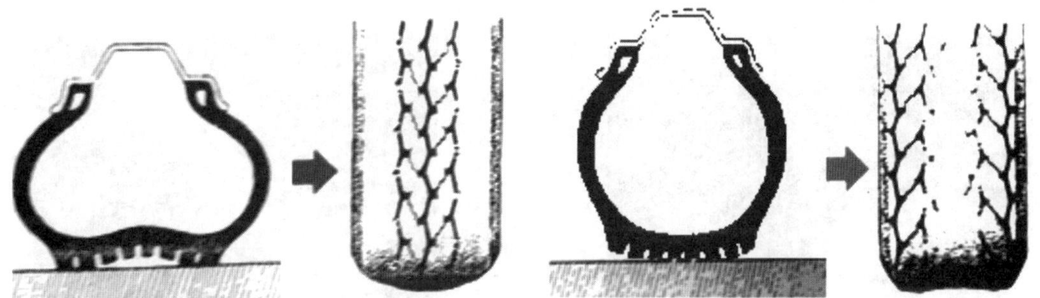

图 6-2-16 胎肩或胎面中间磨损

故障原因主要是：轮胎胎压过高或过低。

2）轮胎内侧或外侧磨损如图 6-2-17 所示。

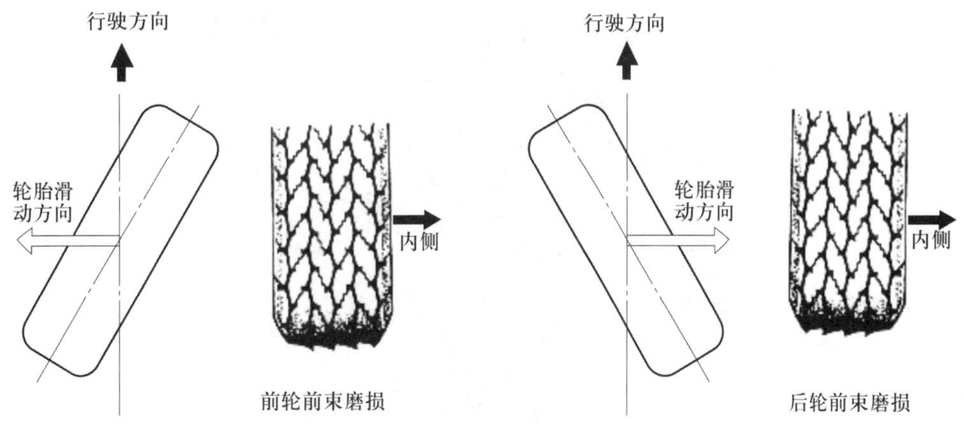

图 6-2-17 轮胎内侧或外侧磨损

故障原因主要是：轮胎前束值不对。

3）前轮胎面或后轮胎面出现羽状磨损，如图 6-2-18 所示。

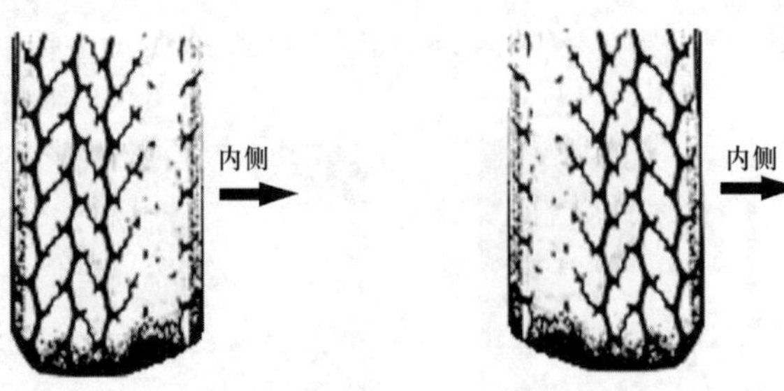

图 6-2-18　轮胎胎面羽状磨损

故障原因主要是：轮胎外倾角调整不当。

五、轮胎的更换

1．轮胎的拆卸

（1）用手旋下轮胎气门嘴的防尘帽，如图 6-2-19 所示。

（2）使用气门芯拆卸专用工具拆卸气门芯，释放轮胎内的空气，如图 6-2-20 所示。

图 6-2-19　旋下防尘帽

图 6-2-20　拆卸气门芯

（3）待轮胎内空气排放完毕，使用卡钳取下安装于轮辋边沿上的平衡块，如图 6-2-21 所示。

图 6-2-21　取下平衡块

（4）将车轮及轮胎的一侧贴于拆装机的靠胎胶皮上，调整车轮和轮胎位置，使轮缘分离铲置于胎唇与轮辋边缘之间，如图 6-2-22 所示。

图 6-2-22　调整轮胎与轮缘分离铲的位置

（5）一手扶住手柄，使轮缘分离铲的位置保持不变，一手扶住轮胎，防止车轮滚动，踩下＿分离铲＿踏板，轮缘分离铲开始挤压轮胎，直到轮胎胎圈离开轮辋边缘为止。然后调整轮缘分离铲的挤压部位，再次挤压并使轮胎胎圈离开轮辋边缘。反复操作，使轮胎胎圈彻底脱离轮辋边缘，如图 6-2-23 所示。

图 6-2-23　分离胎圈与轮辋

（6）翻转车轮和轮胎，将已挤压侧贴于靠胎胶皮上。按照相同的操作方法，将轮胎另一侧胎圈挤压脱离轮辋边缘。

（7）将车轮平放到轮胎拆装机转盘的＿卡爪＿上，如图 6-2-24 所示。

图 6-2-24　安装并夹紧轮胎

（8）双手扶住轮胎，踩下夹钳踏板使夹钳张开，卡爪卡牢车轮，将车轮固定在＿卡爪＿上。

（9）旋转调整手柄，使拆装头对正＿轮辋边缘＿，如图 6–2–25 所示。

图 6–2–25　调整拆装机拆装头与胎圈位置

（10）使用毛刷，在轮胎胎圈上均匀涂抹一层＿轮胎专用润滑脂＿，用以润滑胎圈。

（11）将扁铲插入＿轮辋边缘＿与＿胎唇＿之间，下压扁铲撬起胎唇，并使胎圈搭于拆装头上，如图 6–2–26 所示。

图 6–2–26　用扁铲撬起胎唇

（12）取出扁铲，双手扶住轮胎，踩下＿转盘＿踏板，转盘＿顺＿时针旋转，拆装头脱出轮胎一侧胎圈，如图 6–2–27 所示。

图 6–2–27　分离胎圈与胎唇

注意：如果转盘旋转时，拆装头与轮胎之间出现卡滞，应立即松开转盘踏板，使转盘停止转动，然后抬起__转盘__踏板，逆时针转动转盘，解除卡滞障碍。

（13）当轮胎的一侧胎圈完全脱出后，上抬轮胎，使轮胎下胎圈上移，将扁铲插入轮胎下侧的__胎唇__与__轮辋边缘__之间，下压扁铲撬起胎圈，并使胎圈搭接于拆装头上，如图 6-2-28 所示。

图 6-2-28　拆卸另一侧胎圈

（14）取出扁铲，双手扶住轮胎，踩下__转盘__踏板，转盘__顺__时针旋转，拆装头脱出轮胎下侧胎圈。这样轮胎便从轮辋上拆卸下来，扳动锁紧杆，放松拆装头，然后将水平臂推离车轮上方，如图 6-2-29 所示。

图 6-2-29　完全拆卸另一侧胎圈

2．轮胎的安装

参考轮胎的拆卸步骤，查阅资料，写出安装轮胎的主要步骤。

（1）安装轮胎之前先选择合适的轮胎，然后用润滑油膏均匀涂于胎唇的内、外两侧及轮辋边缘；安装轮胎时，将轮胎标有 DOT 标识的一边装在轮辋外面（带白字轮胎除外）。

（2）移开端头，把轮胎套在轮辋上，然后把拆胎杆移到工作位置。

（3）把胎唇移到端头边缘，装胎唇与拆胎唇相反，胎唇一边放在舌形弯头的下边，另一边放在舌形弯头的上边。

（4）踩下转盘踏板，使转盘旋转（如卡住就反转，直到正常为止）。注意：要把胎唇压进轮圈槽中间为止。为减少胎唇磨损，进行这一步时，要双手用力压在轮胎上协助操作。

（5）重复上述步骤，装好另一边胎唇。

（6）调整轮胎的位置，使轮胎平衡点位置与气门嘴成 180° 安装。

（7）移开悬臂，踩下踏板，松开轮辋，取下车轮，准备充气。

3．轮胎动平衡的检查

（1）拆除 平衡块 ，清除轮胎表面的杂物。

（2）检查轮胎气压并加压至 规定要求 。

（3）安装轮胎并锁紧 快换 螺母，如图 6–2–30 所示。

图 6–2–30　安装轮胎

（4）测量 机箱 到 轮辋边缘 之间的距离并输入，如图 6–2–31 所示。

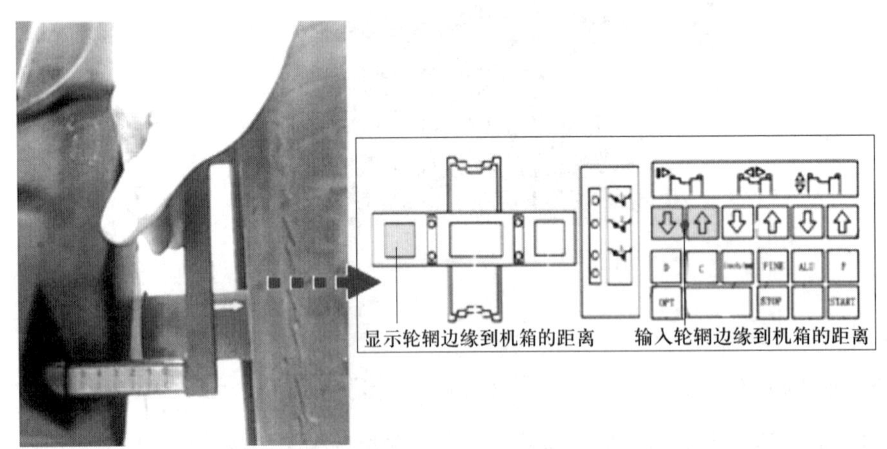

图 6–2–31　测量 机箱 到 轮辋边缘 之间的距离

（5）测量轮辋的 断面宽度 并输入，如图 6–2–32 所示。

（6）输入轮辋直径（可在轮胎胎侧查找）。

（7）放下 防护罩 ，检测轮胎动平衡，如图 6–2–33 所示。

内侧动不平衡量是 30 ，外侧动不平衡量是 10 。

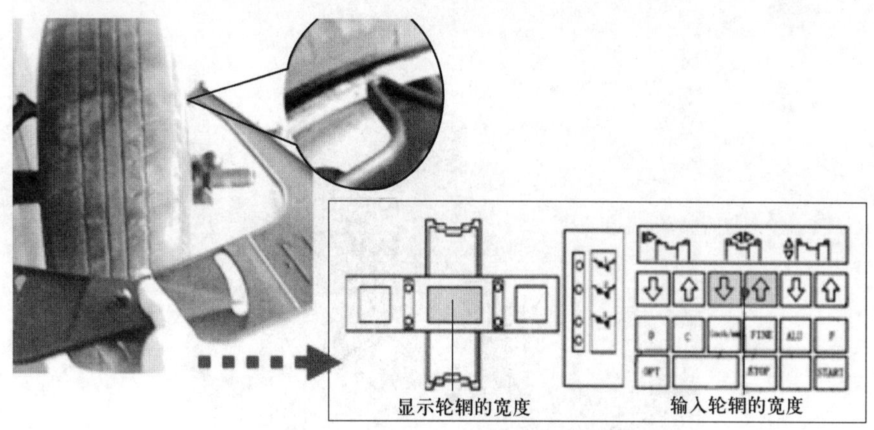

图 6-2-32　测量轮辋的<u>　断面宽度　</u>

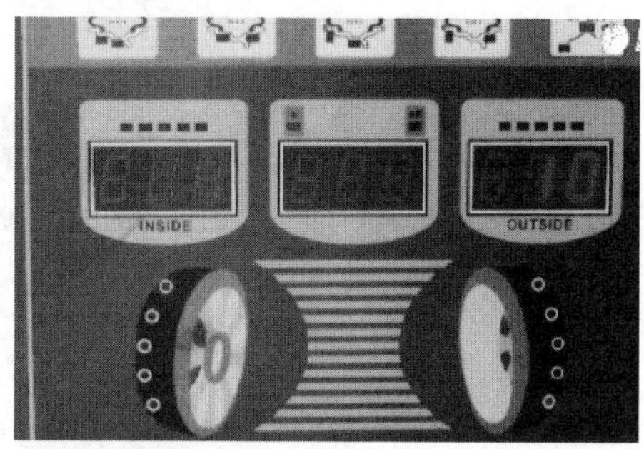

图 6-2-33　检测并记录轮胎动平衡

（8）慢慢转动并找出<u>　内　</u>侧需要打平衡块的位置，粘贴对应质量的平衡块，如图 6-2-34 所示。

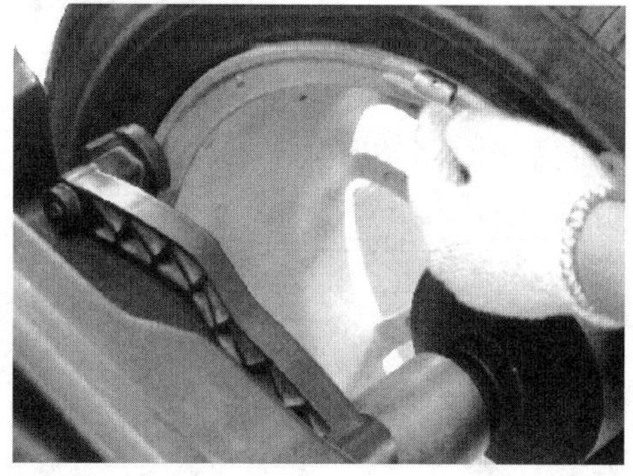

图 6-2-34　找出正确位置并粘贴平衡块

（9）用同样的方法找出<u>　外　</u>侧需要打平衡块的位置，粘贴对应质量的平衡块。

（10）重复测量并调整，直到平衡机显示不平衡量均为<u>　0　</u>时，完成动平衡的检查与调整。

4．轮胎的更换

（1）检查举升机和车辆的安全状况，做好工作前的准备工作。

（2）使用<u>　指针式　</u>扭力扳手，预松车轮的紧固螺母，如图 6-2-35 所示。

（3）将车辆举升至轮胎最低点距离地面约<u>　20　</u>cm 的高度，用车轮扳手将车轮的紧固螺母旋出，如图 6-2-36 所示。

图 6-2-35　预松车轮的紧固螺母

图 6-2-36　拆卸车轮的紧固螺母

（4）取下车轮轮胎，并将其放置到轮胎专用支架上，将新轮胎或做好动平衡的可用旧轮胎安装到<u>车轮</u>上，再将紧固螺母用<u>快速扳手</u>旋入螺栓中，如图 6-2-37 所示。

图 6-2-37　取下并更换新车轮

（5）操纵举升机，将车辆降落到地面上，按照“<u>对角线多次拧紧</u>”的原则，将 4 个车轮紧固螺母拧紧至规定力矩，如图 6-2-38 所示。

（6）整理工位，清理工具，清洁地面卫生。

图 6-2-38　拧紧新车轮紧固螺母

六、学习过程评价

学习过程评价见表 6-2-4。

表 6-2-4　　学习过程评价表

<table>
<tr><td>班级</td><td></td><td>姓名</td><td></td><td>学号</td><td></td><td>日期</td><td>年　月　日</td></tr>
<tr><td>序号</td><td colspan="4">评价要点</td><td>配分</td><td>得分</td><td>总评</td></tr>
<tr><td>1</td><td colspan="4">能正确识读和填写工作页，明确学习活动要求</td><td>10</td><td></td><td rowspan="11">A □（86 ~ 100）
B □（76 ~ 85）
C □（60 ~ 75）
D □（60 以下）</td></tr>
<tr><td>2</td><td colspan="4">能查阅资料，写出车轮的作用与组成</td><td>10</td><td></td></tr>
<tr><td>3</td><td colspan="4">能查阅资料，写出轮辋的结构、类型及规格</td><td>10</td><td></td></tr>
<tr><td>4</td><td colspan="4">能查阅资料，写出轮胎的类型、结构及型号</td><td>10</td><td></td></tr>
<tr><td>5</td><td colspan="4">能按照规范完成轮胎的检查</td><td>10</td><td></td></tr>
<tr><td>6</td><td colspan="4">能按照规范完成轮胎的拆卸与安装</td><td>10</td><td></td></tr>
<tr><td>7</td><td colspan="4">能按照规范完成轮胎的更换</td><td>10</td><td></td></tr>
<tr><td>8</td><td colspan="4">能遵守劳动纪律，以积极的态度接受工作任务</td><td>10</td><td></td></tr>
<tr><td>9</td><td colspan="4">能积极参与小组讨论，具有团队合作精神</td><td>10</td><td></td></tr>
<tr><td>10</td><td colspan="4">能及时完成教师布置的任务</td><td>10</td><td></td></tr>
<tr><td colspan="5">总　分</td><td>100</td><td></td></tr>
<tr><td>小结
建议</td><td colspan="7"></td></tr>
</table>

学习活动 3　悬架的检查与更换

学习目标

1. 能描述悬架的作用及类型。
2. 能描述悬架系统的组成。
3. 能完成悬架系统减振效果的检查。
4. 能完成减振器的拆装与检查。

建议学时：6 学时。

学习过程

一、悬架的作用及类型

1．悬架的作用

汽车悬架是指安装于＿车轮＿与＿车架＿之间的一套机械组件，是车体与路面之间的“缓冲器”。

查阅资料，写出悬架的作用。

答：

（1）支撑汽车的重量。

（2）在汽车通过凹凸不平的路面时起到缓冲作用。

（3）维持车轮与路面的良好接触，确保车轮与路面产生的驱动力、制动力传到车身上。

（4）保证车轮在一定的角度范围内活动，使转向稳定。

2．悬架的类型

汽车悬架按左右车轮的关联程度可分为非独立悬架和独立悬架两种，如图 6-3-1 和图 6-3-2 所示。

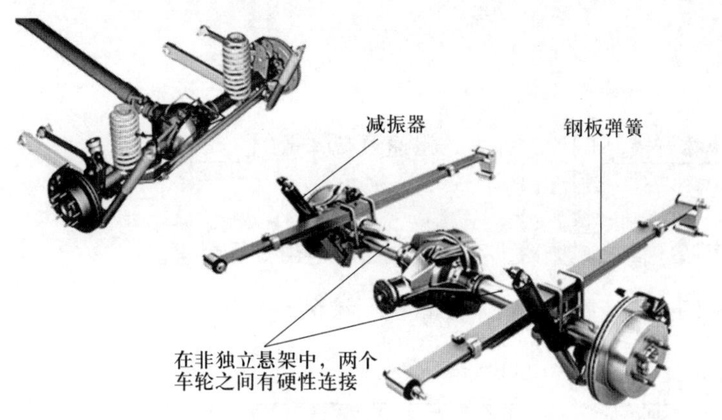

图 6-3-1　非独立悬架

查阅资料，在图 6-3-2 所示的独立悬架中，标注出图中 a、b、c 所示悬架的具体名称。

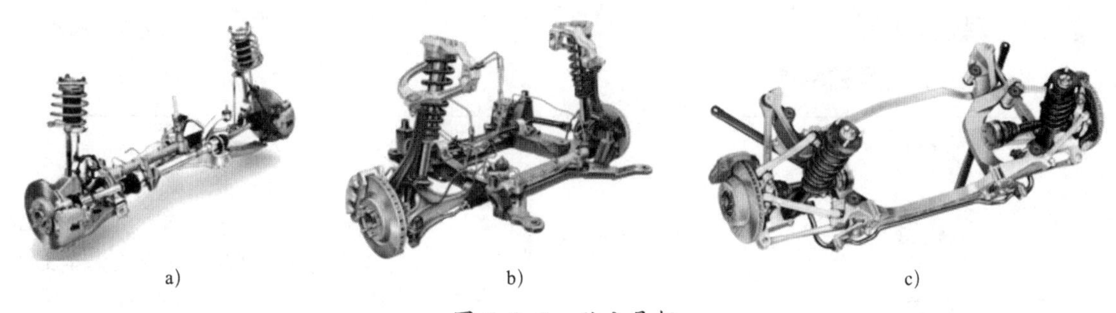

图 6-3-2　独立悬架

a）麦弗逊式　b）双叉臂式　c）多连杆式

二、悬架系统的组成

悬架系统一般由减振元件、缓冲元件及导向元件等组成。

查阅资料，写出图 6-3-3 中各元件的名称。

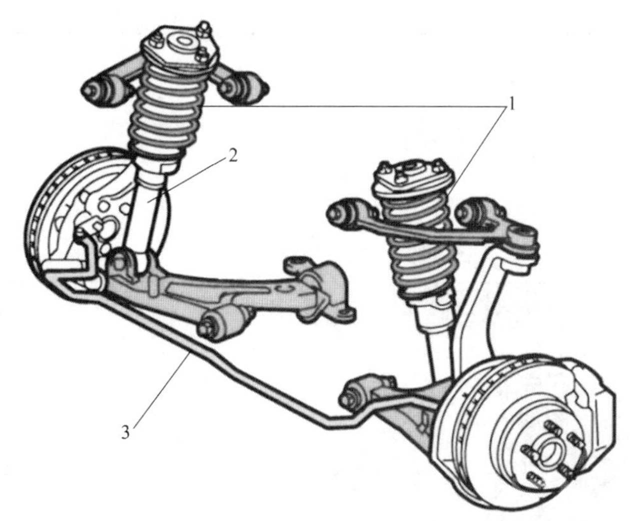

图 6-3-3　悬架系统的组成

1—弹性元件（缓冲元件）　2—减振器（减振元件）　3—横向稳定杆（导向元件）

1．减振器

（1）减振器的作用

减振器用于限制 减振弹簧 的过分弹力，迅速衰减弹簧的 运动 。

（2）减振器的类型

常见减振器的类型有液压筒式减振器、空气减振器和电磁减振器等。

查阅资料，将减振器的类型、特点及应用场合填入表 6–3–1 中。

表 6–3–1　　减振器的类型、特点及应用场合

实物图	类型	特点	应用场合
	液压筒式减振器	利用液体流动的阻力来消耗振动的能量，使振动消失	应用于绝大多数中低端轿车或货车
	空气减振器	通过改变空气压缩力的大小改变减振效果，同时，通过调节空气容量，还可以改变减振器的阻尼大小，甚至车身高度	制造和维修成本较高，一般只有高级轿车或大客车上才会使用
	电磁减振器	是利用电磁感应的一种新型独立悬架系统，响应速度快，能抑制振动，保持车身稳定，特别是在车速很高又突遇障碍时，更能显出它的优势	目前，在奥迪 R8 和 TT 等少数高级轿车上装配有电磁减振器

2．减振弹簧

常见的汽车减振弹簧有钢板弹簧、螺旋弹簧、扭力弹簧、空气弹簧等，将其类型、特点及应用场合填入表 6–3–2 中。

表 6–3–2　　减振弹簧的类型、特点及应用场合

实物图	类型	特点	应用场合
减振弹簧	钢板弹簧	结构简单、成本低	应用于普通货车或中低端轿车的非独立后悬架

续表

实物图	类型	特点	应用场合
	螺旋弹簧	无须润滑，不怕油污，质量小，所占空间不大，具有良好的吸收冲击能力，可改善乘坐舒适性；但其只能承受垂直载荷，且无减振作用	广泛应用于轿车或货车的独立悬架系统
	扭力弹簧	扭力弹簧比钢板弹簧和螺旋弹簧能储存更多的能量，且它的质量小。扭力弹簧无须润滑，安装所占空间小	其应力比较集中，使用寿命不长，只在少数汽车上采用

3．横向稳定杆

横向稳定杆的两端分别固定于左右悬架上，在汽车转弯时，横向稳定杆可减小车身侧倾程度，使车身尽量保持平衡。

三、悬架系统减振效果的检查

1．就车检查

反复用力按＿前后保险杠＿3～4次，如图6-3-4所示，每次压力尽量相同。回弹时应注意支柱的阻力和车身回弹次数。若松手后回弹＿1～2＿次，车身立刻停止回弹，且左右两侧回弹次数相同，说明减振器工作状态良好。

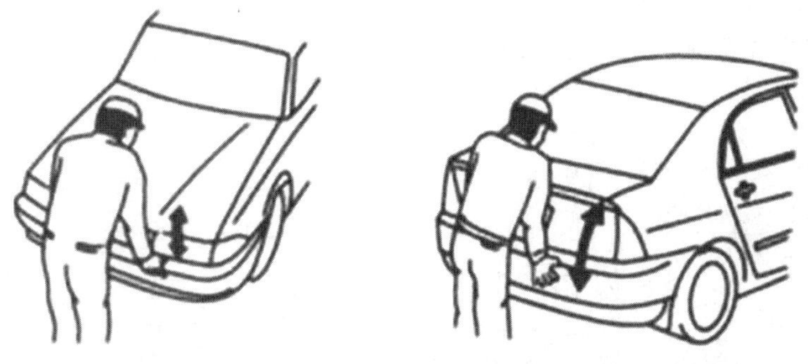

图6-3-4　就车检查悬架系统

2．路试检查

在道路条件较差的路面行驶10 km，停车后，用手摸一摸减振器的外壳，若不够热，说明减振器内部没有阻力，减振器＿漏油，应更换＿。

3．汽车底盘高度检查

按照从前到后、从左到右的顺序测量汽车底盘高度，如图 6–3–5 所示，如果测量的底盘高度不同（丰田卡罗拉汽车的离地高度为＿145＿mm），说明螺旋弹簧变软。

注意：不同车型的离地高度不同，需查阅车辆维修手册。

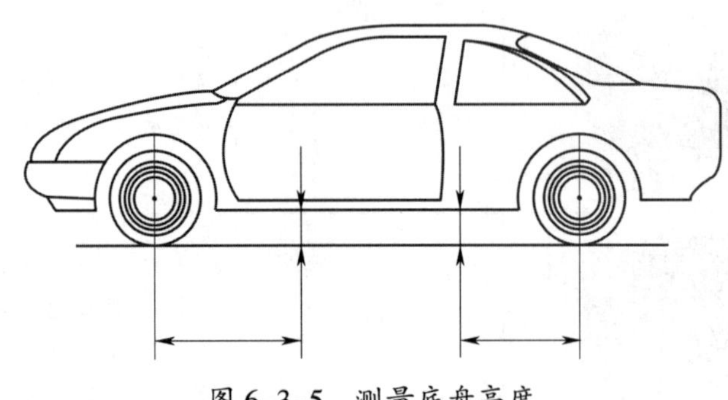

图 6–3–5　测量底盘高度

四、减振器的拆装与检查

1．减振器拆卸前的准备工作

查阅资料，写出减振器拆卸前的准备工作。

（1）检查汽车车身是否变形或破损。

（2）检查汽车车身漆面是否有剥落或划伤。

（3）全车断电。

（4）安装防护五件套及保险杠保护垫、翼子板保护垫等。

（5）检查拆卸工具是否能正常使用。

（6）检查举升机是否正常。

2．减振器总成的拆卸

（1）拆卸＿支座防尘罩＿，如图 6–3–6 所示。

（2）从带螺旋弹簧的前减振器上拆下螺母并分离＿前稳定杆连杆＿总成，如图 6–3–7 所示。

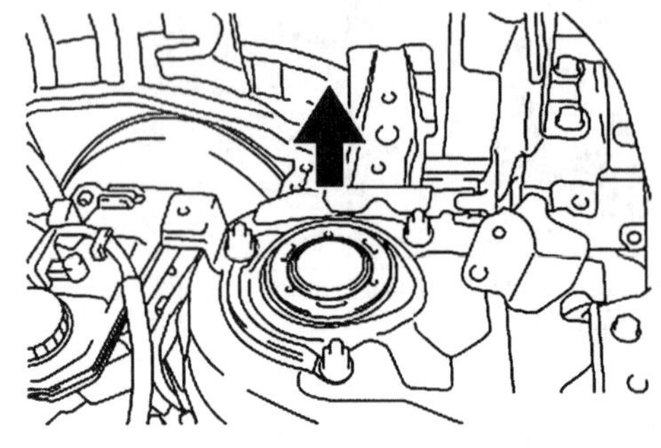

图 6–3–6　拆卸减振器总成步骤 1

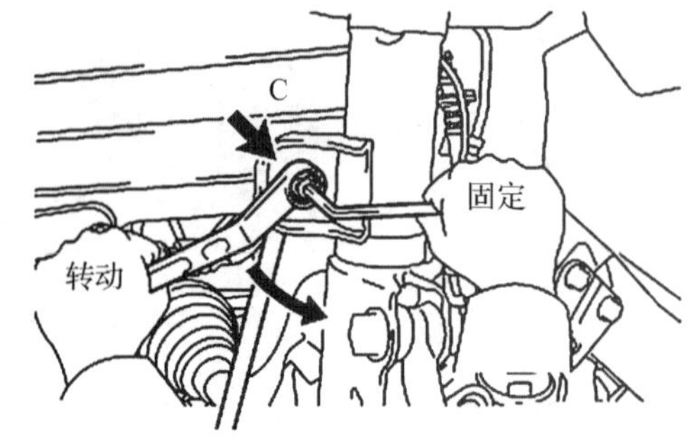

图 6–3–7　拆卸减振器总成步骤 2

（3）拆卸螺栓和卡夹，并分离前<u>轮速传感器</u>，如图 6-3-8 所示。

（4）拆卸螺栓并分离前<u>挠性软管</u>，如图 6-3-9 所示。

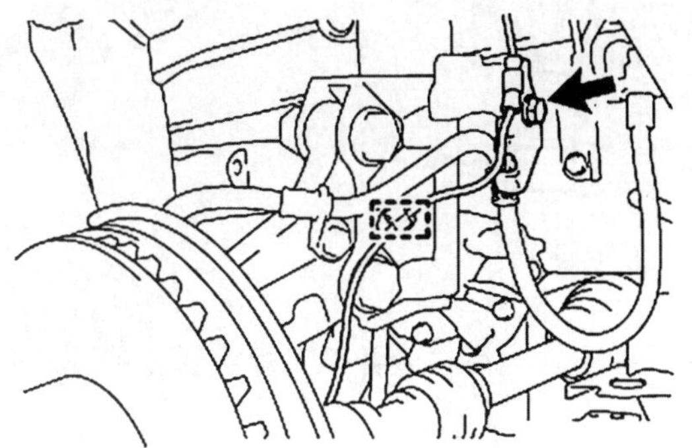

图 6-3-8　拆卸减振器总成步骤 3

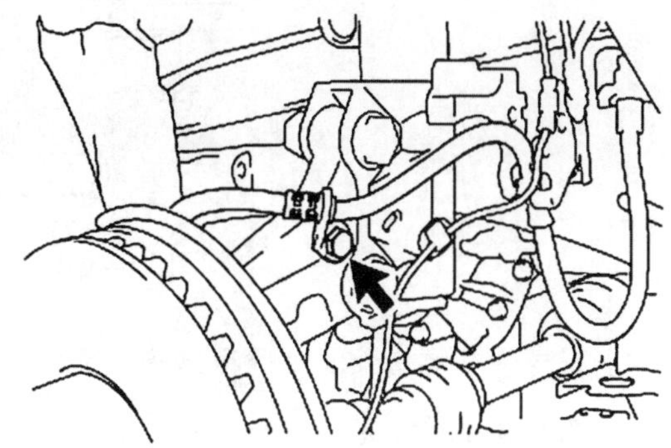

图 6-3-9　拆卸减振器总成步骤 4

（5）松开前减振器的前支架<u>至前减振器的紧固螺母</u>，如图 6-3-10 所示。

（6）用千斤顶或木块支撑<u>前桥</u>，如图 6-3-11 所示。

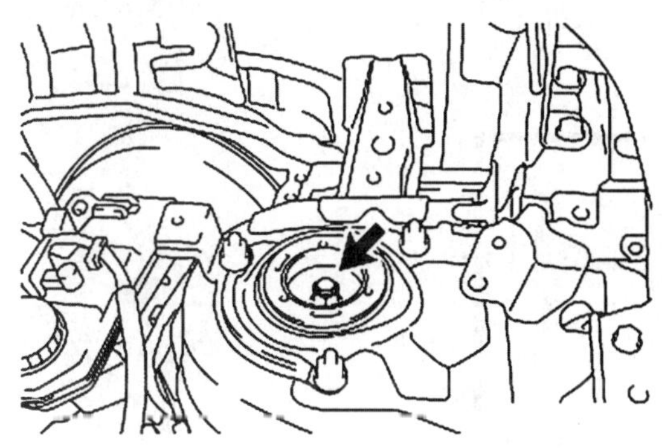

图 6-3-10　拆卸减振器总成步骤 5

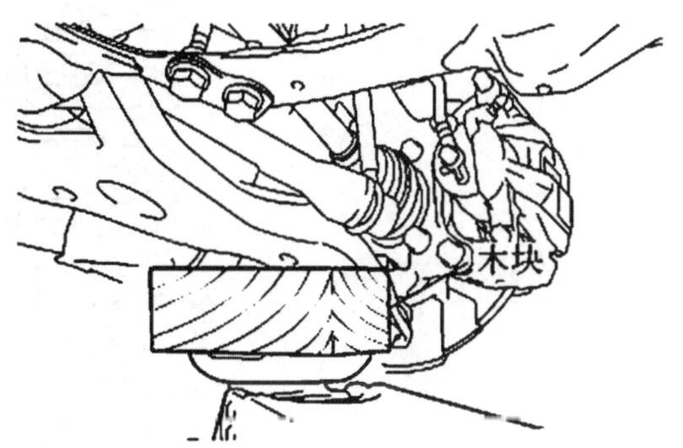

图 6-3-11　拆卸减振器总成步骤 6

（7）拆下减振器支架与<u>转向节</u>的连接螺栓螺母，分离转向节和减振器，如图 6-3-12 所示。

（8）拆下 3 个螺母和带螺旋弹簧的前减振器，取出前减振器总成，如图 6-3-13 所示。

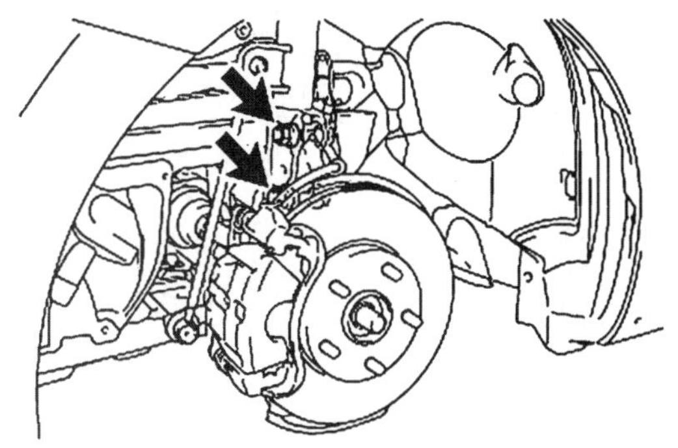

图 6-3-12　拆卸减振器总成步骤 7

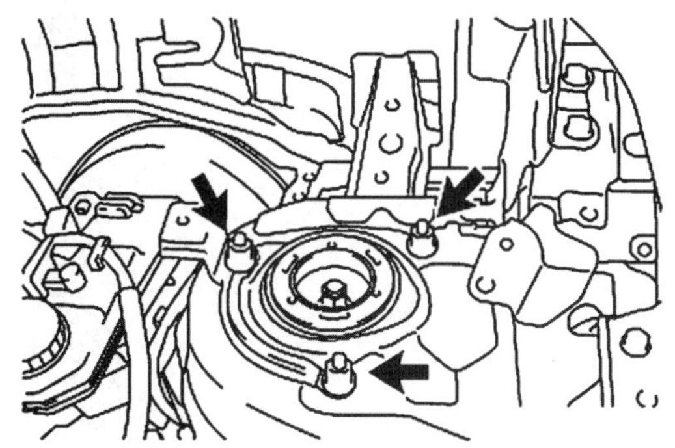

图 6-3-13　拆卸减振器总成步骤 8

3．减振器总成的分解

（1）用专用工具 SST 压缩前螺旋弹簧，如图 6-3-14 所示。

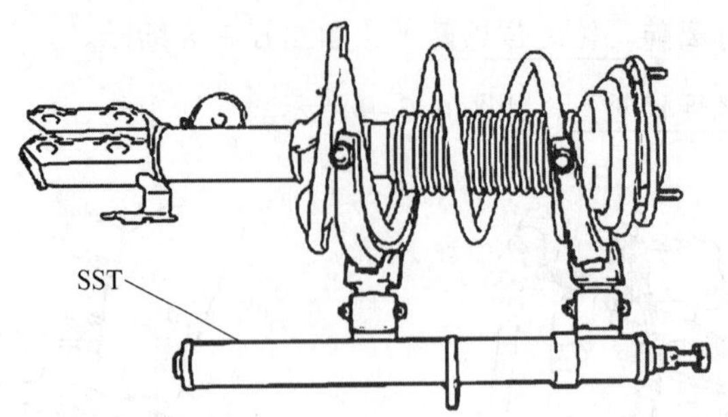

图 6–3–14　分解减振器总成步骤 1

（2）将螺栓和螺母安装至前减振器下支架，用<u>台虎钳</u>固定，然后检查并确定螺旋弹簧被<u>完全压缩</u>，如图 6–3–15 所示。

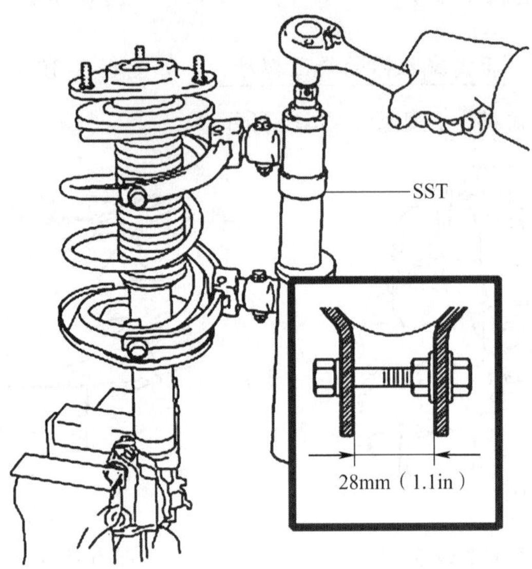

图 6–3–15　分解减振器总成步骤 2

（3）拆卸前支架至前减振器的<u>紧固螺母</u>，如图 6–3–16 所示。

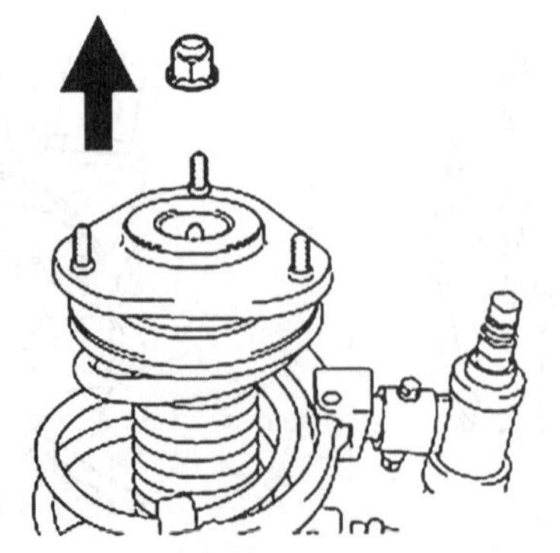

图 6–3–16　分解减振器总成步骤 3

4．减振器的检查

（1）目测检查

查阅资料，写出减振器目测检查的项目和内容。

1）目测检查螺旋弹簧是否断裂。

2）目测检查螺旋弹簧是否有金属剥落。

3）目测检查螺旋弹簧是否有弯曲变形。

若有则应更换减振器总成。

（2）压缩和拉伸减振器杆 4 次（或更多次），如图 6-3-17 所示，均应感受到有明显阻力且拉伸阻力应＿大＿于压缩阻力。压缩和拉伸过程中，应无任何异响产生，否则应更换减振器杆。

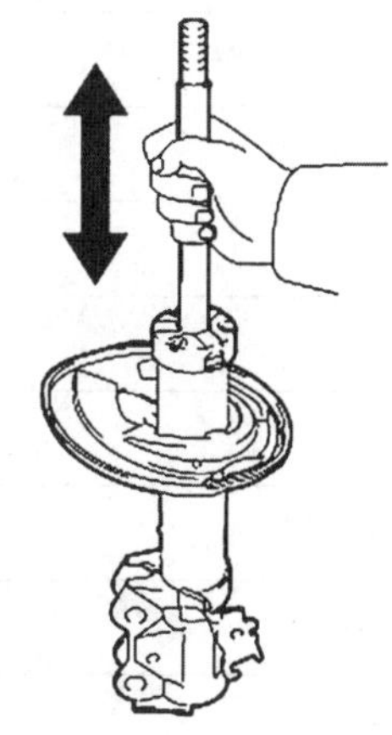

图 6-3-17　检查减振器阻力及异响

5．减振器的安装

（1）确保安装前将螺旋弹簧下隔振垫的定位销插入＿前减振器的孔中＿，如图 6-3-18 所示。

（2）安装前螺旋弹簧时，确保弹簧的底端定位于弹簧下座上（有压缩力），确保弹簧上的油漆标记面朝＿下＿安装螺旋弹簧，如图 6-3-19 所示。

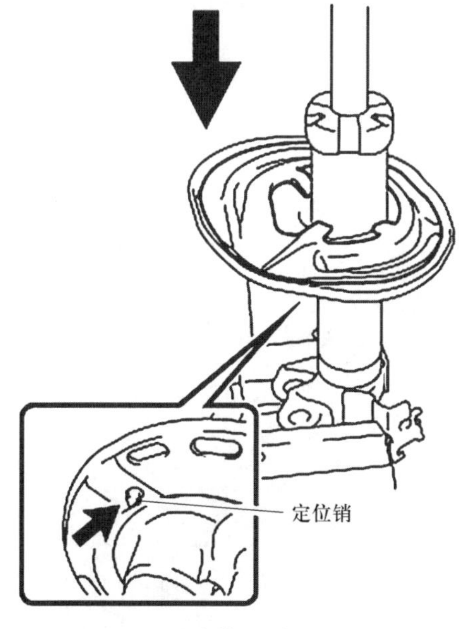

图 6-3-18　弹簧下座圈定位标识

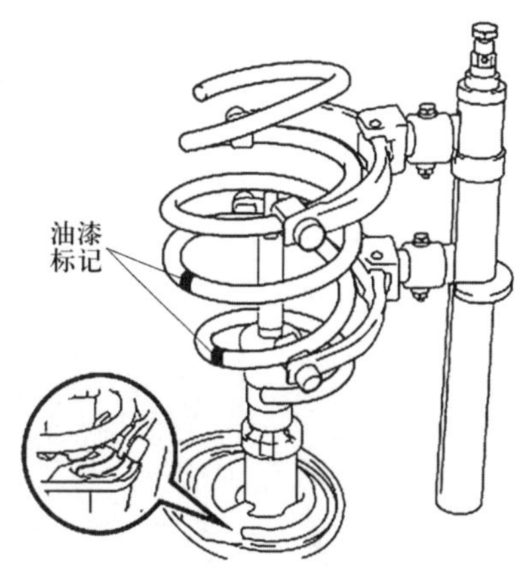

图 6-3-19　螺旋弹簧的安装方向

五、学习过程评价

学习过程评价见表 6–3–3。

表 6–3–3　　学习过程评价表

<table>
<tr><td>班级</td><td></td><td>姓名</td><td></td><td>学号</td><td></td><td>日期</td><td>年　月　日</td></tr>
<tr><td>序号</td><td colspan="5">评价要点</td><td>配分</td><td>得分</td><td>总评</td></tr>
<tr><td>1</td><td colspan="5">能正确识读和填写工作页，明确学习活动要求</td><td>10</td><td></td><td rowspan="11">A □（86 ~ 100）
B □（76 ~ 85）
C □（60 ~ 75）
D □（60 以下）</td></tr>
<tr><td>2</td><td colspan="5">能查阅资料，写出汽车悬架的作用及类型</td><td>10</td><td></td></tr>
<tr><td>3</td><td colspan="5">能查阅资料，认识减振器、减振弹簧及横向稳定杆</td><td>10</td><td></td></tr>
<tr><td>4</td><td colspan="5">能按照规范完成汽车悬架系统减振效果的检查</td><td>10</td><td></td></tr>
<tr><td>5</td><td colspan="5">能按照规范完成减振器总成的拆装</td><td>10</td><td></td></tr>
<tr><td>6</td><td colspan="5">能按照规范完成减振器总成的分解</td><td>10</td><td></td></tr>
<tr><td>7</td><td colspan="5">能按照规范完成减振器零部件的检查</td><td>10</td><td></td></tr>
<tr><td>8</td><td colspan="5">能遵守劳动纪律，以积极的态度接受工作任务</td><td>10</td><td></td></tr>
<tr><td>9</td><td colspan="5">能积极参与小组讨论，具有团队合作精神</td><td>10</td><td></td></tr>
<tr><td>10</td><td colspan="5">能及时完成教师布置的任务</td><td>10</td><td></td></tr>
<tr><td colspan="6">总　分</td><td>100</td><td></td></tr>
<tr><td>小结
建议</td><td colspan="8"></td></tr>
</table>

学习活动 4　四轮定位的检查与调整

学习目标

1. 能描述四轮定位的定义及作用。
2. 熟悉四轮定位的主要参数。
3. 能正确使用四轮定位仪对车辆进行四轮定位检测。
4. 能按操作规范完成四轮定位的检查与调整。

建议学时：4 学时。

学习过程

一、四轮定位的认识

1．四轮定位的定义

查阅资料，写出四轮定位的定义。

答：四轮定位是以车辆的四轮参数为依据，通过调整各参数值以确保车辆行驶性能良好并具备一定的可靠性。车辆的四轮、转向机构、前后车轴之间的安装必须具有一定的相对位置，这个相对位置是由厂家制定的标准值。调整恢复这个位置的安装就是四轮定位。具体来说就是校正四个车轮的位置，保证车轮、车架和车桥安装的相对位置符合标准值。

2．四轮定位的作用

查阅资料，写出四轮定位的作用。

答：

（1）保持汽车直线行驶和转向行驶稳定。

（2）行驶过程中减少轮胎和转向部件的磨损。

3．四轮定位的主要参数

（1）主销后倾

1）定义：从车辆侧面看，主销轴线（车轮转向的中心轴）并不是完全垂直于地面的，而是有所倾斜，主销轴线上端从垂直方向＿向前＿或＿向后＿倾斜的角度称为主销后倾角（γ），轴线上端＿向后＿倾斜为正，轴线上端＿向前＿倾斜为负。大多数车辆的主销后倾角为正，一般不超过＿3°＿，如图 6–4–1 所示。

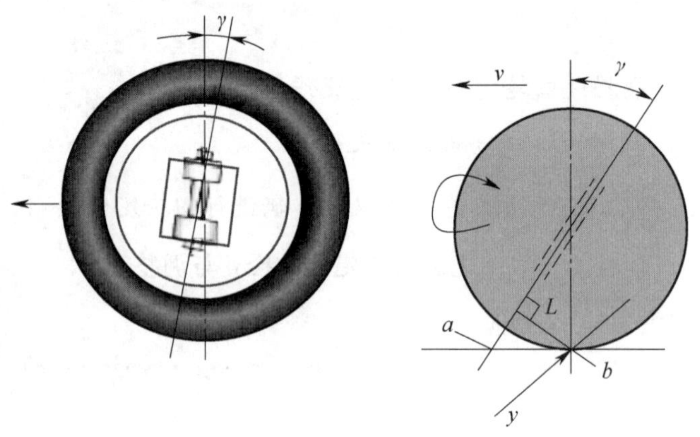

图 6–4–1　主销后倾角

2）作用：使车轮自动回正，提高车辆直线行驶的＿稳定＿性。主销后倾角＿过大＿会造成转向沉重。

（2）主销内倾

1）定义：从车辆正前方看去（横向平面内），主销轴线与垂线之间也存在一定角度，转向节主销轴线从垂直方向＿向内＿倾斜的角度称为主销内倾角（β），如图 6–4–2 所示。主销内倾角通常为＿5° ~ 8°＿。

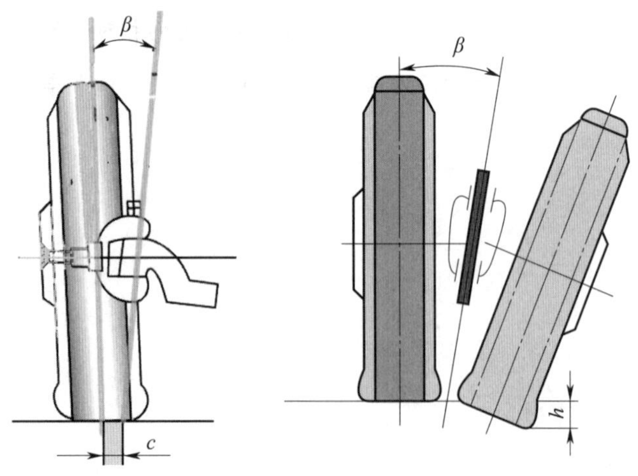

图 6–4–2　主销内倾角

2）作用：使转向盘自动回正，转向＿省力＿，减小轮胎磨损。主销内倾角＿过小＿会造成转向沉重。＿过小＿的主销内倾角会造成轮胎内侧磨损；＿过大＿的主销内倾角会造成轮胎外侧磨损。

（3）车轮外倾

1）定义：车轮的中心线向外倾斜，车轮中心线上端从垂直位置___向内___或___向外___倾斜，车轮旋转平面与纵向垂直平面之间的夹角 α 便是车轮外倾角，如图 6–4–3 所示。

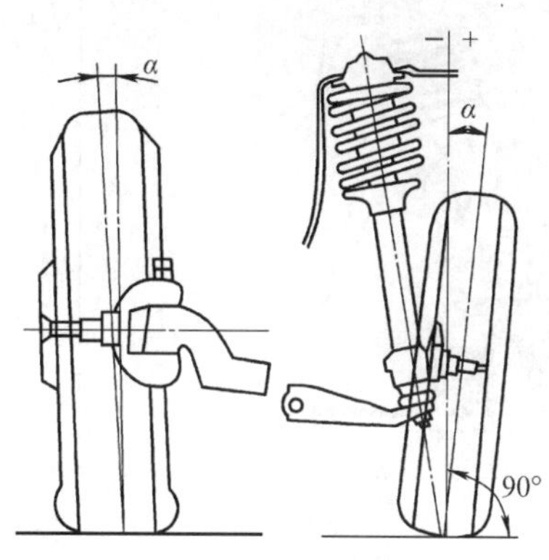

图 6–4–3　车轮外倾角

2）作用：提高车轮的___工作稳定性___和使转向___操纵轻便___。___过小___的车轮外倾角会造成轮胎内侧磨损，___过大___的车轮外倾角会造成轮胎外侧磨损。

（4）车轮前束

1）定义：两个前轮（或后轮）轮胎前端距离与后端距离之差称为车轮前束（B–A），如图 6–4–4 所示，后端距离___大于___前端距离为正，后端距离___小于___前端距离为负（后束）。前束___不正常___会造成转向沉重，加剧轮胎磨损。

2）作用：抵消___车轮外倾___导致两侧车轮张丌造成的不良影响。

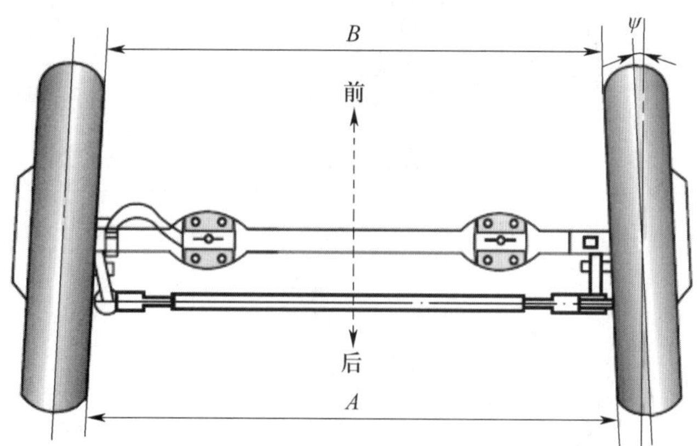

注：$A<B$ 时，称为前束（抵消车轮外倾的影响）；$A>B$ 时，称为后束（负前束，抵消车轮内倾的影响）；B–A= 车轮前束值。

图 6–4–4　车轮前束

（5）四轮定位参数的认识

查阅资料，仔细查看表 6–4–1 中的图形，写出图形对应的车轮定位参数名称。

表 6-4-1　车轮的定位参数

序号	不同定位参数图示	参数名称
1	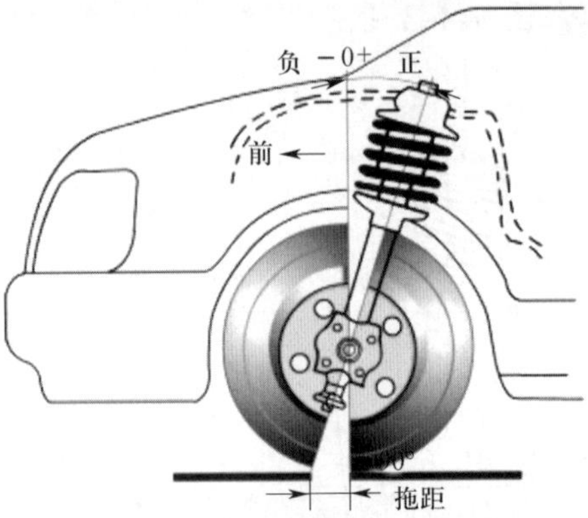负 －0＋ 正 前 0° 拖距	主销后倾
2	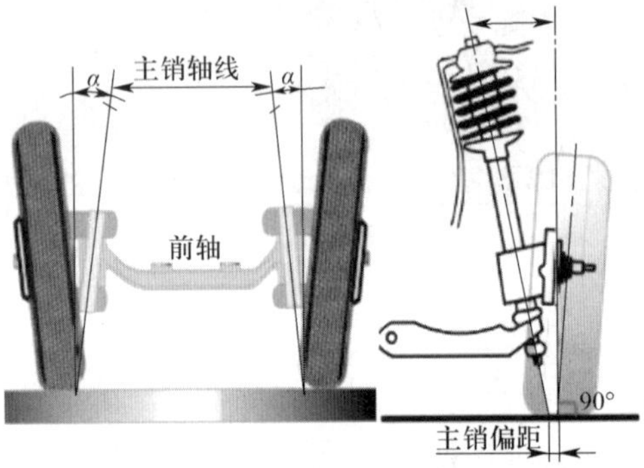α 主销轴线 α 前轴 90° 主销偏距	主销内倾
3	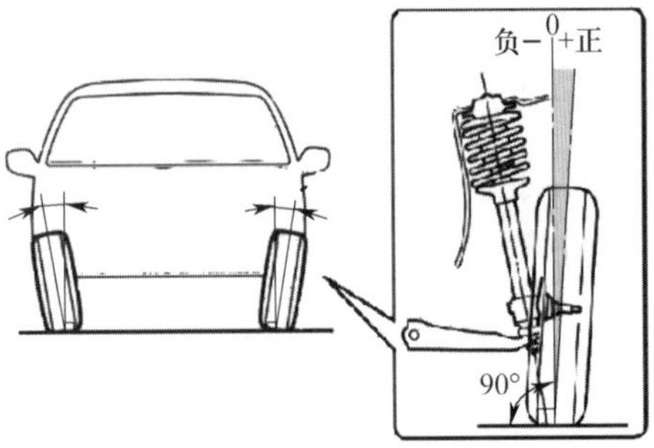负－0＋正 90°	车轮外倾
4	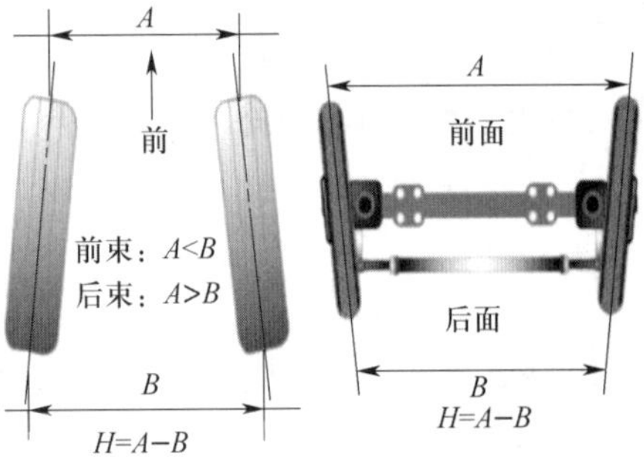A 前 前束：A<B 后束：A>B B H=A−B A 前面 后面 B H=A−B	车轮前束

二、四轮定位仪的使用方法

1．四轮定位仪的认识

查阅资料，写出图 6-4-5 所示 SATA（世达）四轮定位仪各组成部件的名称。

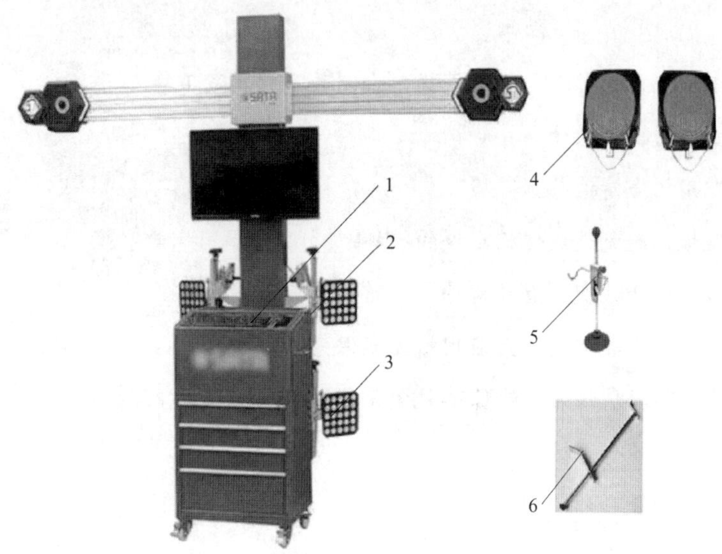

图 6-4-5　四轮定位仪的组成

1—　操作键盘　2—　机柜（内装电脑）　3—　夹具及靶板

4—　转向盘　5—　转向盘固定器　6—　制动踏板固定杆

2．四轮定位仪的使用

（1）四轮定位仪的使用注意事项

1）四轮定位仪是精密测量仪器，要求由　专业教师　管理使用。

2）四轮定位仪的电脑不允许装入其他　软件或硬件　，不允许　更改或删除电脑中的各种应用程序　。

3）电源要求：

①本机器使用交流单相　AC 200 ~ AC 240　V、频率为　50 Hz　的电源，最好使用　专用的　稳压器及 UPS。

②一定要　使用三芯带接地的　保护电源插头和插座，保证人身安全及设备稳定。

③关闭四轮定位仪电源后，一定要关闭插座上的　电源　，以免电网尖峰对设备的伤害。

④在未切断四轮定位仪电源的情况下，严禁　插拔　四轮定位仪的各连接线路。

4）查阅资料，写出四轮定位仪对环境的要求。

答：

①本机器工作环境温度为 0 ~ 40 ℃，工作环境温度高于或低于此温度，可能造成机器不能正常工作。

②四轮定位仪电脑在使用过程中要注意散热，保持机器周围通风良好。

③四轮定位仪工作场地要防潮、防腐和防水，一旦将水或其他液体泼到电脑上，应立即切断电源；清洁时应用酒精或无纺布轻拭，或使用温和的中性清洁剂清洁。

④做好防尘处理，保证设备清洁，以延长整机使用寿命。

⑤严禁将磁体靠近四轮定位仪的电脑、显示器等。

5）查阅资料，写出四轮定位仪的靶板（也称反光盘）对环境的要求及使用注意事项。

答：

①靶板在使用过程中应避免强光或太阳光干扰，否则其不能正常工作。

②靶板使用后应放置在通风干燥处。

③靶板的表面应定期用软布清洁擦拭。

④切勿震动及撞击靶板，避免造成传感元件的损坏。

⑤切勿私自拆开靶板，防止改变原有结构件。

⑥夹具安装在轮辋上时一定要牢固，且应用橡皮圈做意外防护。

（2）查阅资料，写出四轮定位仪主机操作的几个常用键的名称及功能。

Enter：选择后实行或输入确认键。

PgUp、PgDn：上翻页键、下翻页键。

Shift+Tab：把输入项目移到之前项目。

Ctrl+空格：中英文输入转换键。

Ctrl+Shift：输入法转换。

（3）四轮定位仪的使用步骤

1）接通外接电源，开启四轮定位仪电源，图6-4-6所示为四轮定位仪开机后的初始界面。

图6-4-6　初始界面

2）查询资料，写出初始界面各功能键的含义。

①选车测定：选择车型数据并开始测定。

②标靶监视：用于监测目标板，从而将举升机升到适当位置。

③系统管理：对系统设置进行调整。

④客户管理：客户资料数据库。

⑤退出系统：退出界面。

3）查询资料，写出四轮定位仪的操作步骤。

答：

①做好四轮定位操作前的准备工作。

②开机，选择车型。

③调取该车辆四轮定位的出厂标准数据。

④检查车况。

⑤对轮辋做滚动补偿。

⑥如果要进行主销测量，必须进行转向测定。

⑦进行定位参数检测，电脑显示相关实测数据，根据测量结果进行分析，准确判断底盘故障。

⑧分析与调整相关的定位。

4）操作人员根据测量结果进行分析，准确判断底盘故障，对车辆进行车轮定位参数调整。

①查看后轮推力角（车辆在俯视平面内纵向轴线与推力线之间的夹角）是否超过 ±0.25°，如超差则调整<u>后轮前束</u>。

②查看主销内倾角、主销后倾角是否超差，其中心值一般超过<u>0.5°</u>，必须检查底盘是否变形。调整主销内倾角和主销后倾角，如不能调整，必须更换相关元件或对底盘元件进行校正、整形，否则会影响<u>行驶跑偏及转向盘回正能力</u>。

③查看前后轮外倾角是否超差，其中心值一般超过<u>0.5°</u>，必须调整车轮外倾，否则会造成车轮跑偏、磨胎。

④查看前后轮前束角是否超差，其中心值一般超过<u>0.3°</u>，必须调整车轮前束，否则会造成轮胎偏磨。

⑤逐步调整各角度至标准值范围内。

三、四轮定位的检查与调整

1．四轮定位前的检查

（1）如图 6-4-7 所示，检查轮胎的<u>规格及型号</u>是否一致，轮胎表面是否出现<u>裂纹或起包</u>。

图 6-4-7　检查轮胎

（2）如图 6-4-8 所示，检查<u>四轮轮胎气压是否正常</u>，查阅资料，写出上海大众途观 L 2.0T 车型的轮胎标准气压值（参考下图）。

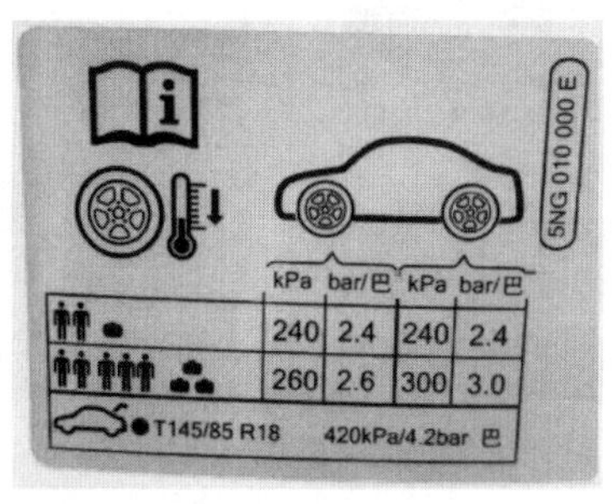

	kPa	bar/巴	kPa	bar/巴
	240	2.4	240	2.4
	260	2.6	300	3.0

图 6-4-8　检查 四轮轮胎气压

（3）如图 6-4-9 所示，检查 四轮轮胎磨损情况 ，同一车桥上的两侧轮胎花纹深度相差不得超过 2 mm 。

图 6-4-9　检查 四轮轮胎磨损情况

（4）顶起车辆，如图 6-4-10 所示，检查车辆的 悬架装置 是否正常，检查 下摆臂球头及胶套 是否松动或损坏；摇动轮胎，检查 轮毂轴承 是否损坏；上下、左右摇动转向横拉杆，检查 横拉杆球头 是否损坏及松旷。

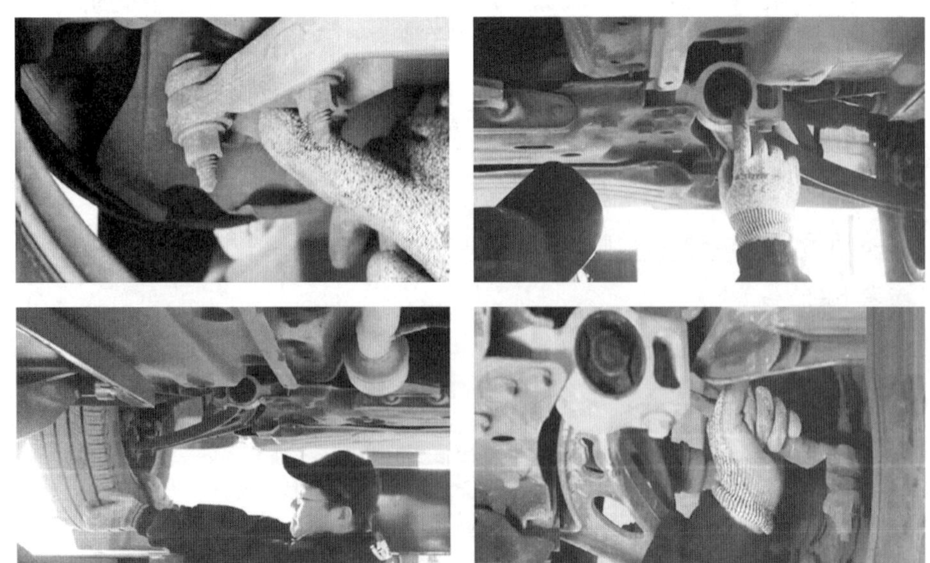

图 6-4-10　检查 悬架、轮毂轴承、转向横拉杆等

（5）如图 6–4–11 所示，测量 车轮悬架高度、轴距 ，左右两侧的数据应保持一致。

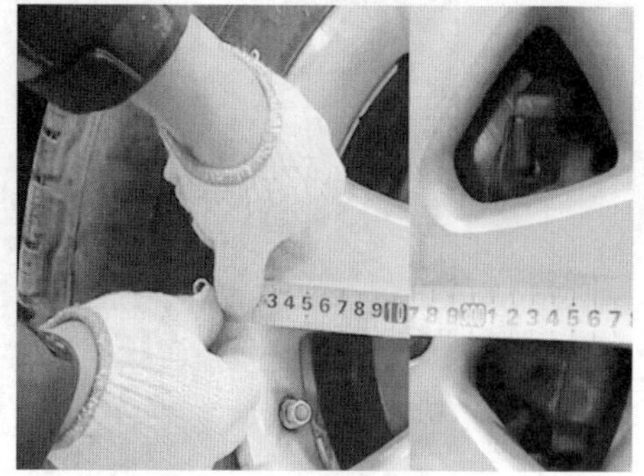

图 6–4–11　测量 车轮悬架高度、轴距

（6）如图 6–4–12 所示，检查 转向盘及侧滑板的固定销 是否紧固。

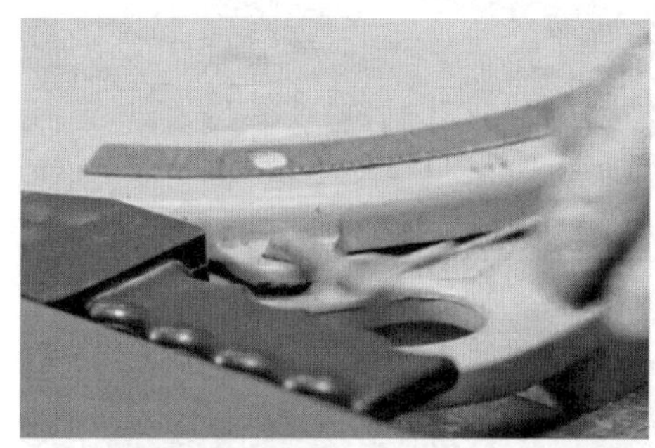

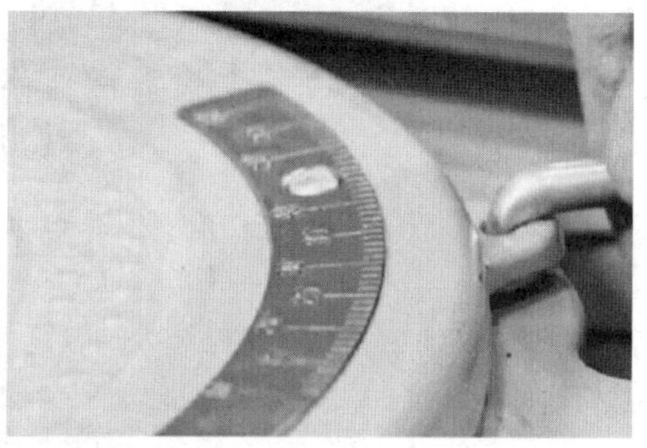

图 6–4–12　检查 转向盘及侧滑板的固定销 是否紧固

（7）如图 6–4–13 所示，将车辆开到转向盘的 中心 ，用手拉推车辆，保证车辆底盘处于 自由平稳 状态。

图 6–4–13　将车辆开至转向盘的中心

（8）如图 6–4–14 所示，平稳停好车辆后，将车辆处于 熄火 状态，松开 驻车制动 ，并将 三角木 放置在车辆后轮处，防止车辆前后移动，保证测量安全。

（9）如图 6–4–15 所示，仔细检查 举升机 工作是否正常，保证车辆举升安全，再次确认车辆是否处于 平稳放松 状态，将车辆举升到适当位置，一定要按下 锁止 按钮，保证举升车辆和操作人员的人身安全。

图 6-4-14　平稳停好车辆，松开驻车制动

图 6-4-15　举升车辆

2．四轮定位的检查

（1）车轮外倾角和车轮前束的测量

1）如图 6-4-16 所示，安装夹具，将夹具下卡爪卡在 轮毂与轮胎 之间，并保证 夹具爪 完全贴合钢圈。

2）如图 6-4-17 所示，为了防止夹具跌落，必须将 防护绳 套在轮毂辐条上。

3）如图 6-4-18 所示，调整夹具上的靶板角度，保证靶板角度对应相机角度为 5° ~ 10° ，并依次调整好其他靶板。

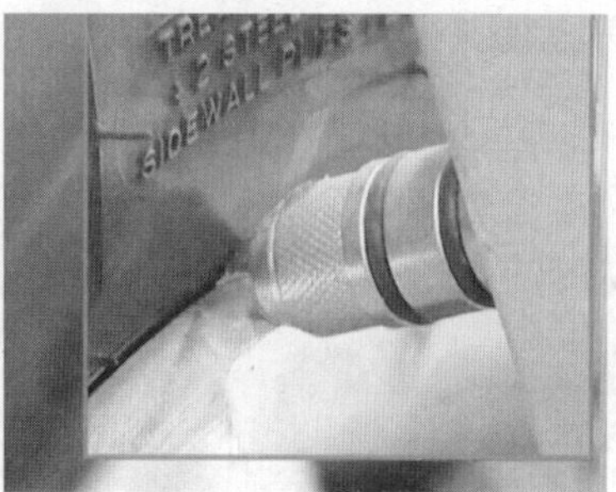

图 6–4–16　安装夹具

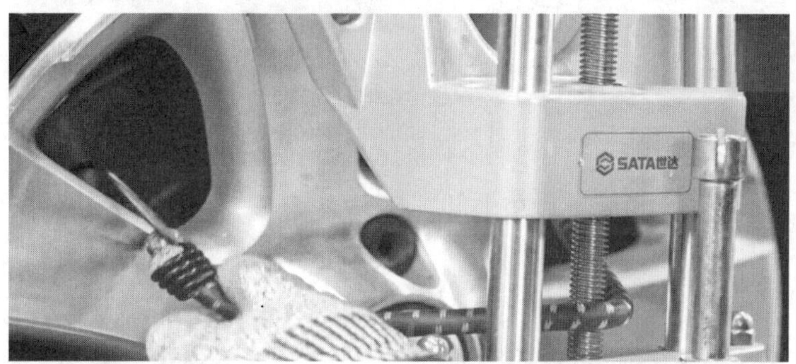

图 6–4–17　将 防护绳 套在轮毂辐条上

图 6–4–18　调整靶板角度

4）如图 6–4–19 所示，进入四轮定位系统，选择 标靶监视 。

图 6–4–19　选择 标靶监视

5）如图 6-4-20 所示，进行<u>靶板安装确定</u>，升降举升机，调整举升高度，使相机监控中四个靶板显示完整，并按下举升机<u>LOCK 按钮</u>，锁止举升机。

图 6-4-20　靶板安装确定

6）如图 6-4-21 所示，进入“选车测定”程序，选择或输入<u>上海大众途观 L 2.0T 车型</u>。

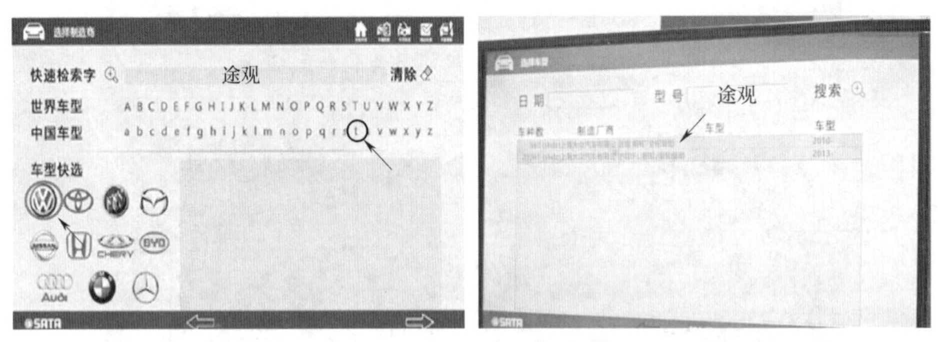

图 6-4-21　选择或输入<u>上海大众途观 L 2.0T 车型</u>

7）如图 6-4-22 所示，车型选好后，电脑会显示该车型的四轮定位参数的标准值，按照电脑的提示进行下一步的操作。

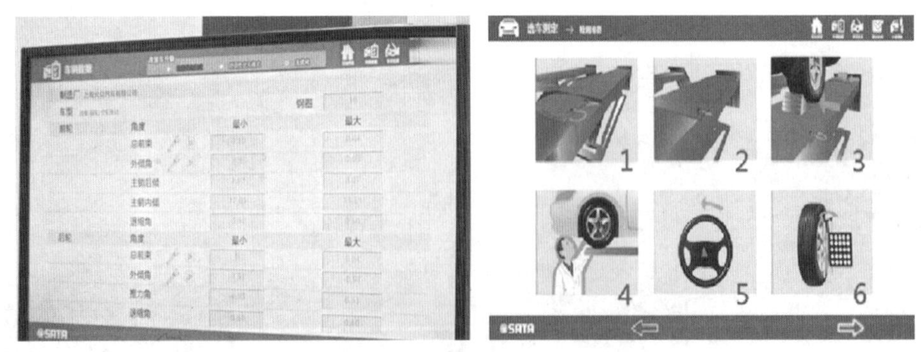

图 6-4-22　电脑提示操作步骤

8）查询资料，写出上海大众途观 L 2.0T 车型车轮外倾角、车轮前束、主销后倾角和主销外倾角的标准值。

途观 L 2.0T 四轮定位参数标准值

①前轮参数

前桥	标准底盘	运动底盘	带自适应性底盘 DCC 的标准底盘	标准底盘 US 版
PR 编号	G02	G03	G40	G34
总前束（无负载）	10′ ±10′	10′ ±10′	10′ ±10′	10′ ±10′
车轮外倾角（正前打直位置）	−27′ ±30′	−27′ ±30′	−27′ ±30′	−27′ ±30′
两侧之间的最大允许偏差	最大 30′	最大 30′	最大 30′	最大 30′
向左和向右转向角为 20° 时的前束偏差角	1° 36′ ±20′	1° 36′ ±20′	1° 36′ ±20′	1° 36′ ±20′
主销后倾	7° 34′ ±30′	7° 34′ ±30′	7° 34′ ±30′	7° 34′ ±30′
两侧之间的最大允许偏差	最大 30′	最大 30′	最大 30′	最大 30′
离地高度	430 ± 10 mm	430 ± 10 mm	430 ± 10 mm	430 ± 10 mm

②后轮参数

后桥（四轮驱动）	标准底盘	运动底盘	带自适应性底盘 DCC 的标准底盘	标准底盘 US 版
车轮外倾角	−1° 20′ ±30′	−1° 20′ ±30′	−1° 20′ ±30′	−1° 20′ ±30′
两侧之间的最大允许偏差	最大 30′	最大 30′	最大 30′	最大 30′
总前束（车辆外倾角已规定）	+10′ ±10′	+10′ ±10′	+10′ ±10′	+10′ ±10′
允许的与行驶方向的最大偏差	最大 20′	最大 20′	最大 20′	最大 20′
离地高度	440 ± 10 mm	440 ± 10 mm	440 ± 10 mm	440 ± 10 mm

9）如图 6-4-23 所示，根据语音、指示灯或电脑显示器指示<u>　向后　</u>拉车辆。

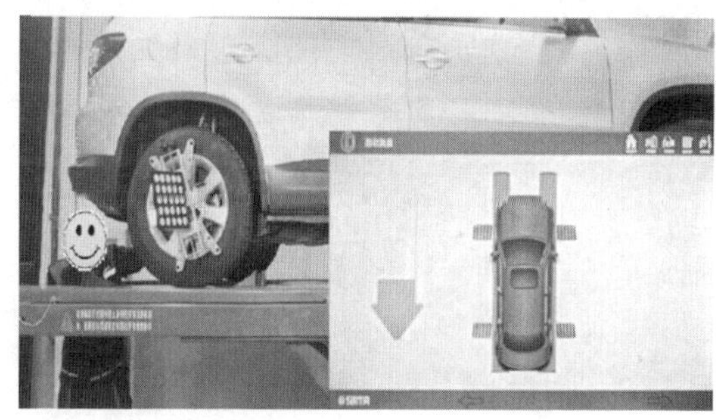

图 6-4-23　<u>　向后拉车辆　</u>

10）如图 6-4-24 所示，根据语音、指示灯或电脑显示器指示<u>　向前　</u>推车辆。

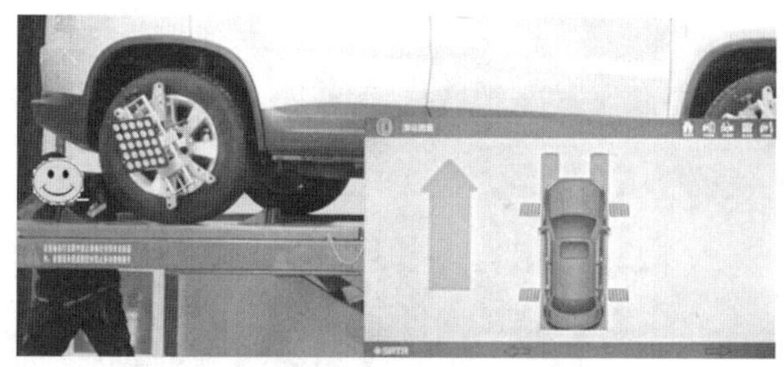

图 6-4-24　<u>　向前推车辆　</u>

11）根据语音、指示灯或电脑显示器指示拉推车辆，直到四轮定位仪上相机外侧的<u>　指示灯全亮　</u>，轮胎滚动补偿结束，如图 6-4-25 所示。

图 6-4-25　轮胎滚动补偿结束

12）电脑屏幕上出现检测车轮外倾角和车轮前束数据，如图 6-4-26 所示，仔细查看车轮外倾角和车轮前束的检测数据，判断并写出该车需要进行调整的定位参数名称。

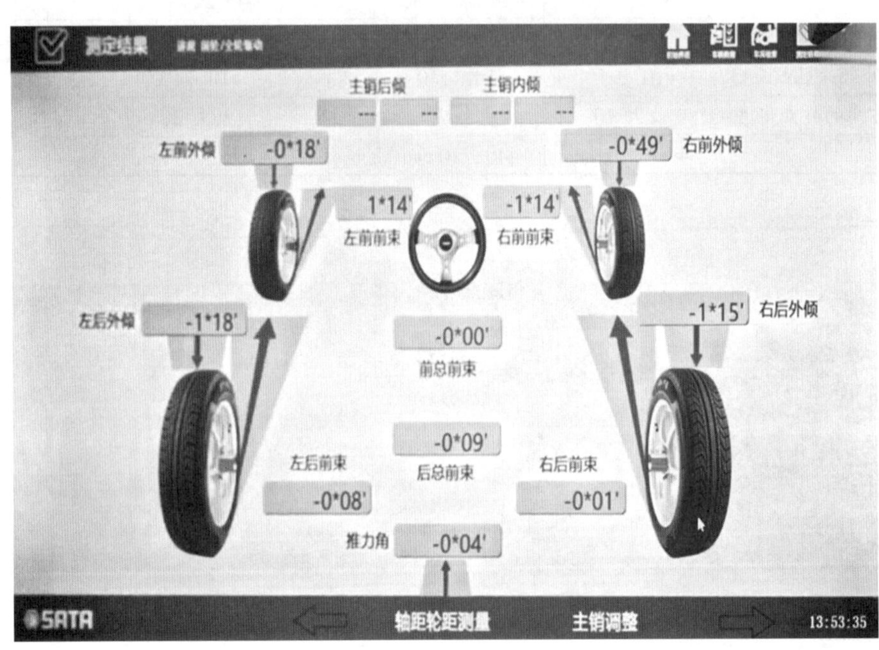

图 6-4-26　检测到的数据显示

（2）主销后倾角和主销内倾角的测量

1）选择主销测量，如图 6-4-27 所示，测量之前必须拔掉＿转向盘固定销＿，并取下弧形垫块。

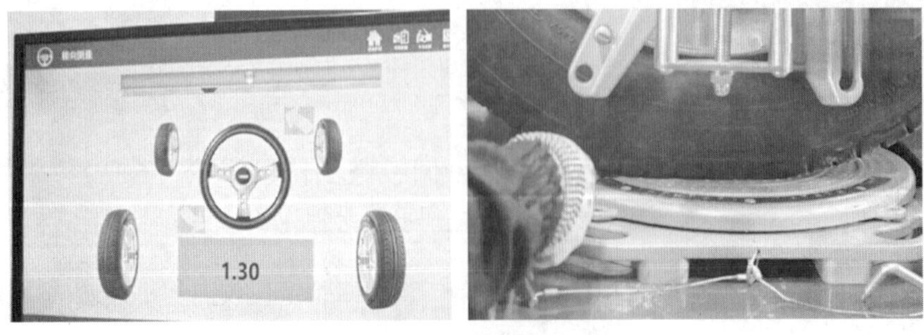

图 6-4-27　测量前准备

2）如图 6–4–28 所示，安装＿制动踏板固定杆＿，防止测量过程中车轮发生转动。

图 6–4–28　安装＿制动踏板固定杆＿

3）如图 6–4–29 所示，根据语音、指示灯或电脑显示器指示左右转动转向盘，其转动角度为＿–10.50° 左右＿。

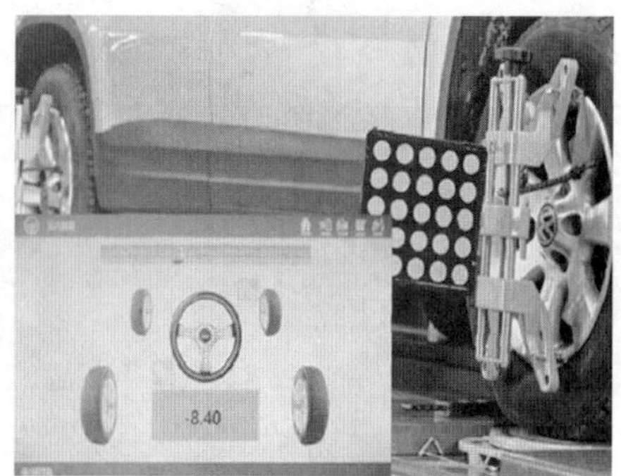

图 6–4–29　左右转动转向盘

4）如图 6–4–30 所示，四轮定位仪上相机外侧的＿指示灯全亮＿，主销测量结束。

图 6–4–30　主销测量结束

3．四轮定位的调整

（1）后轮外倾角的调整

1）如图 6-4-31 所示，拔掉后轮 侧滑板的固定销 。

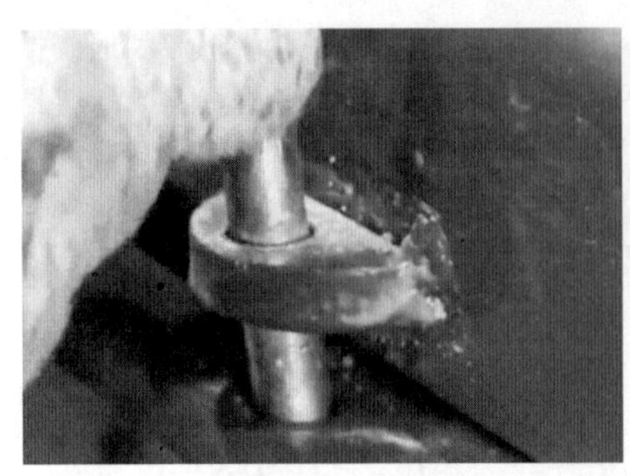

图 6-4-31 拔掉后轮 侧滑板的固定销

2）如图 6-4-32 所示，松开调整后轮外倾的 偏心凸轮轴固定螺母 ，调整偏向凸轮轴的调整螺栓，直至对应的数值变绿，在标准值范围内。

图 6-4-32 松开 偏心凸轮轴固定螺母

3）调整后数值如图 6-4-33 所示，按照维修手册的规定力矩拧紧偏心凸轮轴固定螺母，其规定力矩为 80 N · m 。

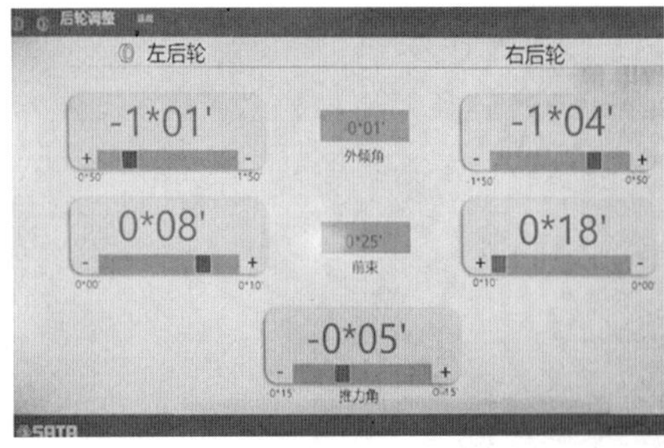

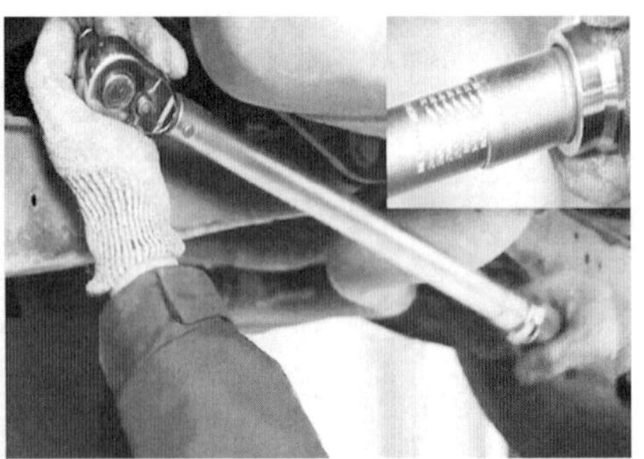

图 6-4-33 调整后的数值

（2）后轮前束的调整

1）如图 6-4-34 所示，松开调整后轮前束的 偏心凸轮轴固定螺母 ，调整偏心凸轮轴的调整螺栓，直至对应的数值变绿，在标准值范围内。

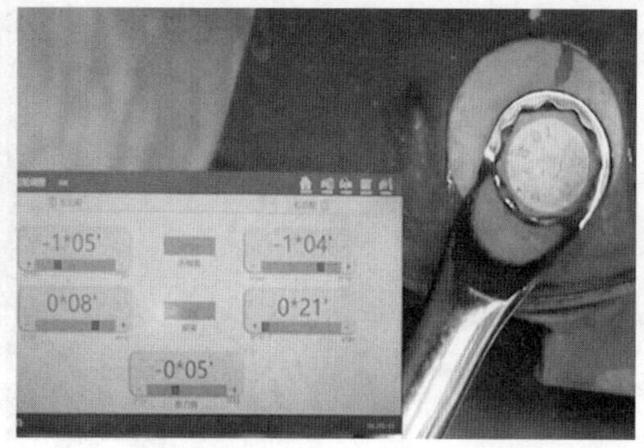

图 6-4-34　松开＿偏心凸轮轴固定螺母＿

2）调整后数值如图 6-4-35 所示，按照维修手册的规定力矩拧紧偏心凸轮轴固定螺母，其规定力矩为＿95 N · m＿。

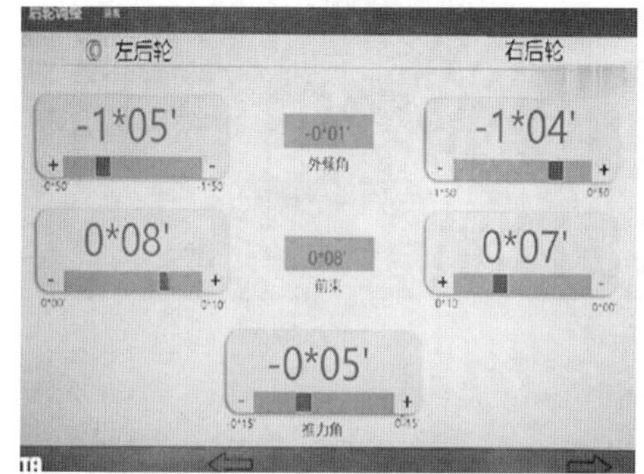

图 6-4-35　调整后的数值

（3）前轮外倾角的调整

1）如图 6-4-36 所示，起动车辆，左右转动转向盘，保证＿其处于回正状态＿，为下一步的调整做准备。

图 6-4-36　起动车辆，左右转动转向盘

2）如图 6-4-37 所示，安装＿转向盘固定器＿，保证前轮外倾角调整准确，将车辆熄火。

3）如图 6-4-38 所示，再次举升车辆，将前轮处于＿悬空＿状态，按下举升机的锁止按钮锁止车辆，待车辆稳定后，按下键盘上的 M 键继续下一步操作，锁定定位。

4）如图 6-4-39 所示，松开调整前轮外倾角的＿车架固定螺栓＿，左右移动副梁进行调整。

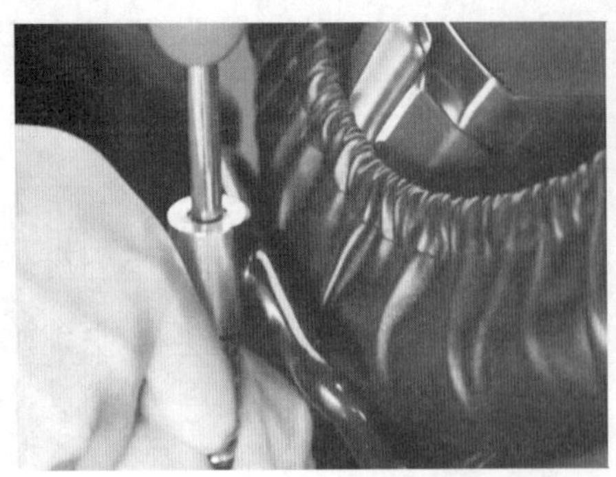

图 6-4-37　安装 转向盘固定器

图 6-4-38　锁定定位

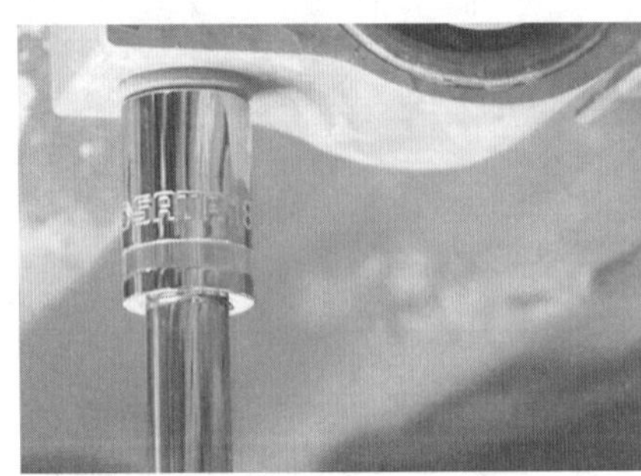
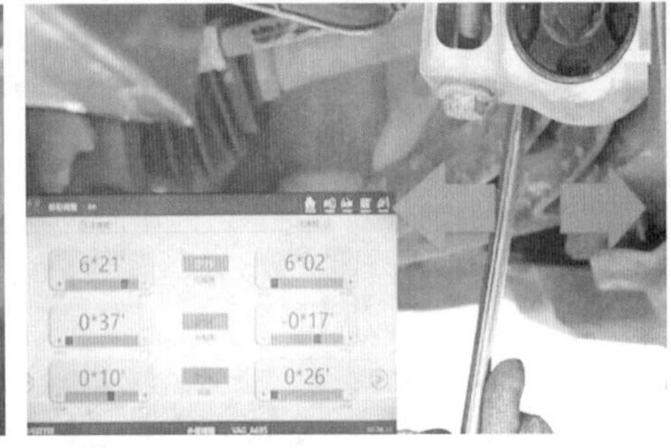

图 6-4-39　松开 车架固定螺栓

5）如图 6-4-40 所示，调整前轮外倾角直至数值变绿，在标准范围内。调整结束，按照维修手册的规定力矩拧紧车架固定螺栓，其规定力矩为 90 N · m 。

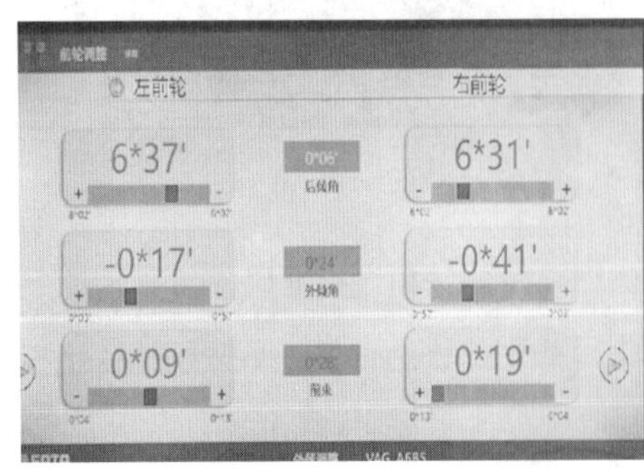

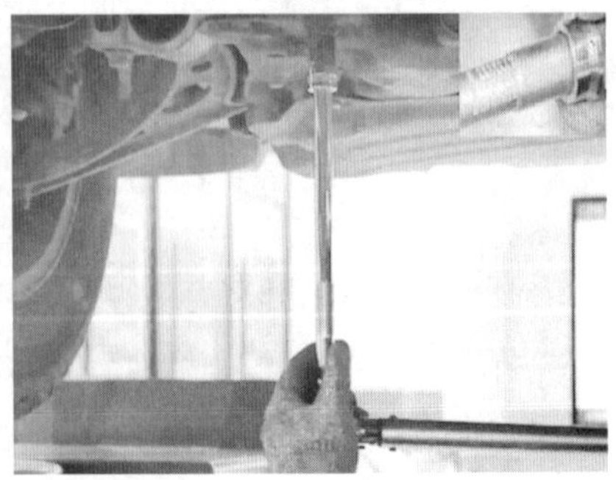

图 6-4-40　调整后的数值

（4）前轮前束的调整

1）如图 6-4-41 所示，松开转向横拉杆的＿固定螺母＿，旋转转向横拉杆进行调整。

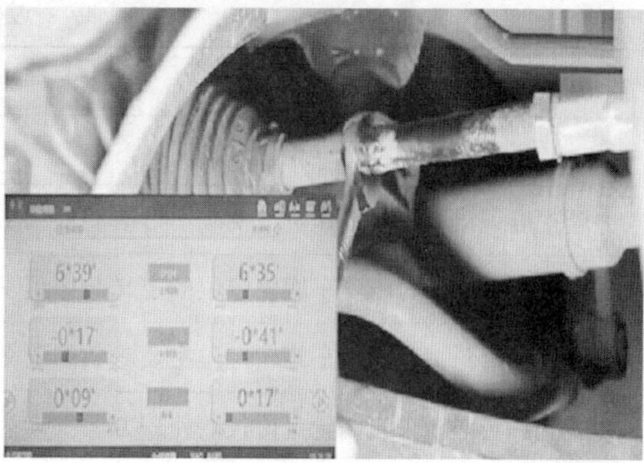

图 6-4-41　松开转向横拉杆的＿固定螺母＿

2）如图 6-4-42 所示，直至前轮前束对应的数值变绿，其数值在标准范围内，最后拧紧转向横拉杆的＿固定螺母＿。

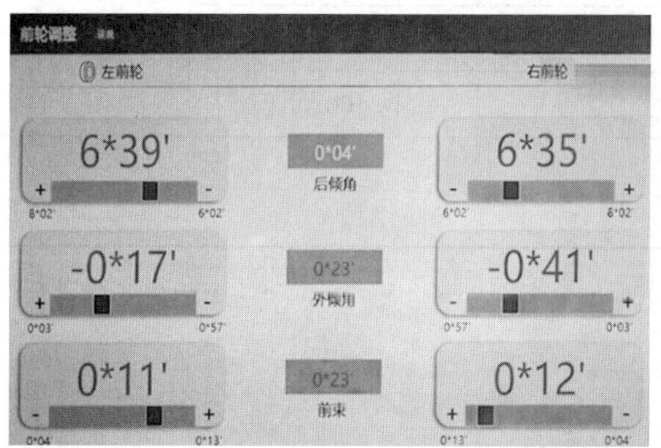

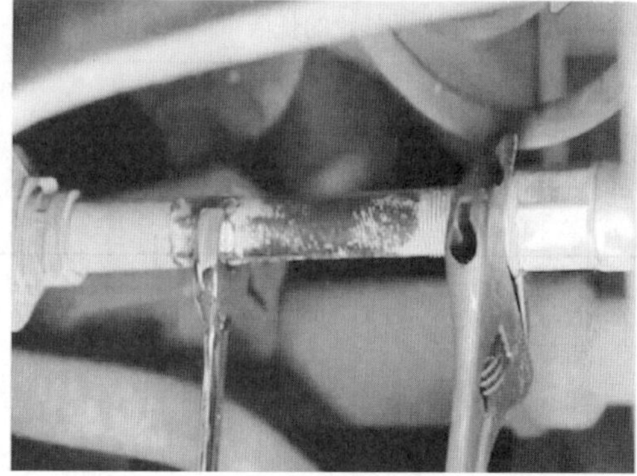

图 6-4-42　调整后的数值

（5）如图 6-4-43 所示，对车辆进行路试，确保转向盘无＿抖动、倾斜＿。至此，四轮定位的检查与调整结束。

图 6-4-43　调整转向盘无＿抖动、倾斜＿

四、学习过程评价

学习过程评价见表 6–4–2。

表 6–4–2　　学习过程评价表

班级		姓名		学号		日期	年　月　日
序号	评价要点				配分	得分	总评
1	能正确识读和填写工作页，明确学习活动要求				10		A □（86 ~ 100） B □（76 ~ 85） C □（60 ~ 75） D □（60 以下）
2	能查阅资料，写出汽车四轮定位的定义与作用				10		
3	能查阅资料，写出汽车四轮定位主要参数的定义及作用				10		
4	能查阅资料，介绍四轮定位仪的使用方法				10		
5	能按照规范完成四轮定位前的检查				10		
6	能按照规范完成四轮定位的检查与调整				20		
7	能遵守劳动纪律，以积极的态度接受工作任务				10		
8	能积极参与小组讨论，具有团队合作精神				10		
9	能及时完成教师布置的任务				10		
总　分					100		
小结 建议							

学习活动 5　工作总结与评价

学习目标

1. 能以小组形式，对学习过程和成果进行总结。
2. 完成对学习过程的综合评价。

建议学时：2 学时。

学习过程

一、工作总结

在世界技能大赛中，要求选手具有一定的组织规划、沟通、创新等能力，这在实际的生产工作中是十分必要的。以小组为单位，选择演示文稿、展板、海报、视频等形式中的一种或几种，向全班展示、汇报学习成果。

二、综合评价

针对本任务的学习情况，根据表 6–5–1 所列综合评价标准进行评分。

表 6–5–1　　综合评价标准

评价项目	评价内容及标准	配分	评分		
			自我评价	小组评价	教师评价
工作组织和管理	团队合作，合理计划，高效管理时间	3			
	定期检查工作进展和效果	3			
	保证高质量完成工作	4			
沟通能力	深度咨询客户，完全理解其要求	10			
	提供明确说明，准确回答客户疑问	10			
计划创新能力	及时处理工作中遇到的问题	10			
	提出创新性、可行性建议，提高客户满意度	10			

续表

评价项目	评价内容及标准	配分	评分		
			自我评价	小组评价	教师评价
专业知识	具备汽车行驶系统的作用、组成、原理等知识	10			
	具备汽车行驶跑偏故障检修知识	10			
实践能力	具备汽车轮胎的检查与更换技能	5			
	具备汽车悬架的检查与更换技能	10			
	具备汽车四轮定位的检查与调整技能	15			
学生姓名		综合评价得分			
指导教师		日期			

三、学习任务六整体评价

学习任务六整体评价见表 6–5–2。

表 6–5–2　学习任务六整体评价表

项目	自我评价			小组评价			教师评价		
	10～9分	8～6分	5～1分	10～9分	8～6分	5～1分	10～9分	8～6分	5～1分
	占总评 10%			占总评 30%			占总评 60%		
学习活动 1									
学习活动 2									
学习活动 3									
学习活动 4									
学习活动 5									
协作精神									
纪律观念									
表达与分析能力									
工作态度									
任务总体表现									
小计分									
总评分									

世赛知识

汽车定位、转向与悬架系统检修在世赛汽车技术项目中的应用

汽车定位、转向与悬架系统检修是“定位、转向与悬架”模块中的基本考核技能，参赛选手需要应用转向系统和行驶系统原理知识完成汽车定位、转向与悬架系统的检查与调整、故障诊断等工作。第45届世界技能大赛汽车技术项目中定位、转向与悬架系统的考核内容包括悬架各零部件的拆装与检测维护、转向系统各总成的拆装与检测维护、车辆四轮定位的工作过程和方法、四轮定位的调整及相关数据分析。本项目属于传统机械拆装项目大类，对选手的体能要求较高，重点考察选手的标准化作业流程及对相关数据的分析能力，其考核内容如下。

模块F：定位、转向与悬架

一、四轮定位与转向系统

1．内容要求

重点评估比赛的结果。

2．评价标准及配分

（1）组织管理：健康安全和整理（5分）；设备和工具使用规范（5分）。

（2）沟通交流：查阅电路图（5分）；记录作业单（5分）；汇报故障（5分）；索要零部件（5分）。

（3）机电系统：零部件拆装（30分）；发现系统故障现象（10分）。

（4）检查诊断：通过检查、诊断找到故障部位（25分）。

（5）维修保养：维修、更换零部件（5分）。

3．命题框架

（1）组织管理：健康安全和整理（5分）；设备和工具使用规范（5分）。

（2）沟通交流：查阅电路图（5分）；记录作业单（5分）；汇报故障（5分）；索要零部件（5分）。

（3）转向系统（20分）：检查动力/电子转向系统功能，更换转向器，拆装转向柱，更换横拉杆球头，设定转向传感器（2～3个故障点）。

（4）四轮定位（50分）：四轮定位前的检查和准备，实施四轮定位检测，调整不合格项目，调整后的检测（2～3个故障点）。

二、悬架系统

1．内容要求

重点评估比赛的结果。

2．评价标准及配分

（1）组织管理：健康安全和整理（5 分）；设备和工具使用规范（5 分）。

（2）沟通交流：查阅电路图（5 分）；记录作业单（5 分）；汇报故障（5 分）；索要零部件（5 分）。

（3）机电系统：零部件拆装（30 分）；发现系统故障现象（10 分）。

（4）检查诊断：通过检查、诊断找到故障部位（25 分）。

（5）维修保养：维修、更换零部件（5 分）。

3．命题框架

（1）组织管理：健康安全和整理（5 分）；设备和工具使用规范（5 分）。

（2）沟通交流：查阅电路图（10 分）；记录作业单（5 分）；汇报故障（10 分）；索要零部件（5 分）。

（3）前悬架（30 分）：拆装前减振器（弹簧）、下悬臂、稳定杆连杆、横拉杆球头（2 ~ 3 个故障点）。

（4）后悬架（30 分）：拆装后减振器（弹簧）、纵向牵引臂、下控制臂、后稳定杆（2 ~ 3 个故障点）。

三、四轮定位与悬架系统作业内容及评分记录

使用车型：一汽丰田卡罗拉 2017 款 1.6 L。

竞赛时间：1.5 小时。

作业说明：检查汽车底盘，告诉裁判发现的问题，并在报告单上记录；根据裁判的指令，更换 / 维修确认的故障零件。

1．悬架系统检查故障记录（见表 6–5–3）

表 6–5–3　悬架系统检查故障记录

序号	故障零件	故障描述
1		
2		
3		
4		
5		

2．四轮定位参数的检查与调整记录（见表 6-5-4）

表 6-5-4　四轮定位参数的检查与调整记录

四轮定位参数	标准值	测量值	是否正常	调整后的测量值	是否正常
后轮外倾					
后轮前束					
主销后倾					
前轮外倾					
前轮前束					

附　录

附录1　汽车制动无力故障检修学习任务设计方案

专业名称	汽车维修	一体化课程名称	汽车底盘简单故障检修
学习任务	汽车制动无力故障检修	授课时数	40学时
工作情境描述	一辆2014年款丰田卡罗拉1.6 GL轿车在制动时，感觉制动力不足，差点儿导致撞车。车主将该车送入维修站后，经班组长检查初步判断为制动无力故障。汽车维修人员需要对相关部件进行拆检，根据维修手册相关要求，在规定时间内，参照维修资料完成制动系统的检查与零部件的更换工作，自检合格后交付班组长验收		
学习任务描述	在学习活动1中，学生在教师引导下，学习汽车制动系统的作用、组成及分类，在实际车辆或实训台架上认知汽车制动系统各组成部件的名称及作用，识别其所属系统以及在实车上的安装位置，为后续学习活动打下良好的理论基础 在学习活动2中，学生在教师引导下，学习制动踏板自由高度、自由行程和行程余量的定义，能按照维修标准流程完成制动踏板位置的检查与调整 在学习活动3中，学生在教师引导下，学习制动液的作用、型号、选用原则及更换周期，能按照维修标准流程使用制动液含水量（率）检测仪器并完成制动液的检查与更换 在学习活动4中，学生在教师引导下，学习制动总泵和真空助力器的作用、组成、类型及安装位置，能按照维修标准流程完成制动总泵、真空助力器的检查与更换 在学习活动5中，学生在教师引导下，学习行车制动器的类型与特点，盘式制动器与鼓式制动器的组成、类型及工作原理，能按照维修标准流程完成盘式制动器和鼓式制动器的拆装与检查 在学习活动6中，学生在教师引导下，学习驻车制动器的组成、作用与类型，能按照维修标准流程完成驻车制动器的检查与调整，以及驻车制动器拉索的更换 在学习活动7中，学生总结本次工作经验，并对学习成果进行正确评价 在学习过程中，学生能按教师要求完成每个工作步骤，证明学生已掌握汽车制动无力故障检修的工作步骤、工作思维和工作方法		
与其他学习任务的关系	该学习任务是汽车底盘简单故障检修一体化课程的第四个学习任务，进行此学习任务，为第五个学习任务“汽车防抱死制动系统故障灯亮故障检修”的完成打下基础		

续表

学生基础	具有车辆维修手册和维修资料的基本阅读能力；具有一定的安全文明生产、环保管理及“6S”管理习惯、团队沟通合作意识等
学习目标	1. 能描述汽车制动系统的作用、组成及分类 2. 能描述制动踏板自由高度、自由行程和行程余量的定义 3. 能识别制动液的作用、型号、选用原则及更换周期 4. 能描述制动总泵及真空助力器的作用、组成及安装位置 5. 能描述行车制动器的类型、特点、组成及工作原理 6. 能描述驻车制动器的作用、组成及类型 7. 能完成制动踏板位置的检查与调整 8. 能正确使用制动液含水量（率）测试仪器，并完成制动液的检查与更换 9. 能完成制动总泵及真空助力器的检查与更换 10. 能完成盘式制动器和鼓式制动器的检查与更换 11. 能完成驻车制动器的检查与调整，以及驻车制动器拉索的更换 12. 能对维修场地设备进行日常维护与保养，按 6S 管理规定要求清理现场 13. 能对相关资料、互联网资源进行检索，完成维修工单、工作页的填写 14. 能展示工作成果，进行任务评价，总结工作经验，优化检修方案 15. 能在作业过程中严格按照企业操作规范操作，严格遵守安全生产制度、环保管理制度和从业人员职业道德，具有吃苦耐劳、爱岗敬业的工作态度和职业精神
学习内容	1. 汽车制动系统的作用、组成及分类 2. 制动踏板自由高度、自由行程和行程余量的定义 3. 制动液的作用、型号、选用原则及更换周期 4. 制动总泵及真空助力器的作用、组成及安装位置 5. 行车制动器的类型、特点、组成及工作原理 6. 驻车制动器的作用、组成及类型 7. 制动踏板位置的检查与调整 8. 制动液含水量（率）的测试及制动液的检查与更换 9. 制动总泵和真空助力器的检查与更换 10. 盘式制动器和鼓式制动器的检查与更换 11. 驻车制动器的检查与调整 12. 驻车制动器拉索的更换
教学条件	1. 教学场地：汽车底盘简单故障检修一体化学习工作站 2. 设备：车辆或汽车制动系统实训台架、举升设备、制动液更换机、废气抽排装置和废液废品收集装置、多媒体设备等

续表

教学条件	3. 工具：通用工具、汽车制动系统维修专用工具（如制动管路拆装工具、制动分泵活塞压入工具）等 4. 量具：钢直尺、游标卡尺、外径千分尺、磁性表座、百分表、制动液含水量（率）测试仪器等 5. 防护用品：车辆防护 5 件套、车轮三角垫块、防护眼镜、抹布、工作服、工作帽、手套等 6. 资料：工作页、维修手册、评价表、安全操作规程等 7. 材料：制动液、清洗剂、制动分泵修理包、制动系统零配件等
教学组织形式	1. 根据学习任务活动内容和班级人数，进行小组分工，并确定负责人 2. 根据情景模拟，教师安排学生扮演角色，从资料室领取相关资料 3. 根据学习任务活动环节，积极引导学生分析学习任务，明确学习重点和难点 4. 对学习活动中的重点和难点，教师进行分析、操作演示和现场指导，帮助学生掌握所学内容 5. 以情景模拟的形式，教师安排学生扮演角色，从资料室领取维修手册、工作页、工量具等 6. 以情景模拟的形式，教师安排学生扮演角色，严格按照 6S 管理要求，清扫、整理、维护和保养实训车辆、实训台架等设备 7. 教师组织学生以小组或个人形式进行分析和总结，汇报学习成果
教学流程与活动	1. 汽车制动系统的认知（4 学时） 2. 制动踏板位置的检查与调整（4 学时） 3. 制动液及管路的检查与更换（6 学时） 4. 制动总泵及真空助力器的检查与更换（4 学时） 5. 行车制动器的检查与更换（14 学时） 6. 驻车制动器的检查与调整（4 学时） 7. 工作总结与评价（4 学时）
评价内容与标准	1. 能完成汽车制动无力故障检修工作页中的问题 2. 能按维修标准完成汽车制动系统各部件的拆装与检查 3. 能在规定时间内，正确使用维修设备、工量具，按照制定的维修方案排除汽车制动无力故障 4. 能自觉遵守实训车间安全操作规定、安全生产制度、环保管理制度、6S 管理规定 5. 能正确进行实训车辆、实训台架的清洁、保养和维护 6. 能服从安排，具备从业人员的责任感、团队沟通合作等职业素养

附录 2　汽车制动无力故障检修教学活动策划表

教学活动	学生学习活动	教师活动	学习内容	资源	评价点	学时	地点
学习活动 1：汽车制动系统的认知	1．以情景模拟的形式，导入本次学习活动的学习目标 2．学习汽车制动系统的作用及分类 3．学习汽车制动系统的组成 4．学习汽车制动系统各组成部件的名称及作用，识别其所属系统以及在实车上的安装位置 5．自评、小组互评	1．工作页准备和发放 2．讲解工作页要求 3．布置工作页相关信息收集任务 4．指导学生完成工作页 5．检查学生任务完成情况和成果 6．对学生的学习过程进行评价	1．汽车制动系统的作用及分类 2．汽车制动系统的组成 3．汽车制动系统各组成部件的认知	1．工作页 2．维修手册 3．知识点视频 4．互联网	1．工作页 2．阅读与查询能力 3．专业术语 4．表达方法 5．小组活动 6．6S 管理	4	一体化学习工作站
学习活动 2：制动踏板位置的检查与调整	1．以情景模拟的形式，导入本次学习活动的学习目标 2．学习制动踏板自由高度、自由行程和行程余量的定义 3．完成制动踏板位置的检查与调整 4．自评、小组互评	1．工作页准备和发放 2．讲解工作页要求 3．布置工作页相关信息收集任务 4．指导学生完成工作页 5．检查学生任务完成情况和成果 6．对学生的学习过程进行评价	1．制动踏板自由高度、自由行程和行程余量的定义 2．制动踏板位置的检查与调整	1．工作页 2．维修手册 3．操作视频 4．互联网	1．工作页 2．阅读与查询能力 3．专业术语 4．表达方法 5．小组活动 6．6S 管理	4	一体化学习工作站

续表

教学活动	学生学习活动	教师活动	学习内容	资源	评价点	学时	地点
学习活动3：制动液及管路的检查与更换	1. 以情景模拟的形式，导入本次学习活动的学习目标 2. 学习制动液的作用、型号、选用原则及更换周期 3. 学习制动液含水量（率）测试仪器的使用方法 4. 完成制动液的检查 5. 完成制动液的更换 6. 自评、小组互评	1. 工作页准备和发放 2. 讲解工作页要求 3. 布置工作页相关信息收集任务 4. 指导学生完成工作页 5. 检查学生任务完成情况和成果 6. 对学生的学习过程进行评价	1. 制动液的作用、型号、选用原则及更换周期 2. 制动液含水量测试笔与制动液含水率检测仪的使用方法 3. 制动液的检查 4. 制动液的更换	1. 工作页 2. 维修手册 3. 操作视频 4. 互联网	1. 工作页 2. 阅读与查询能力 3. 专业术语 4. 表达方法 5. 小组活动 6. 6S 管理	6	一体化学习工作站
学习活动4：制动总泵及真空助力器的检查与更换	1. 以情景模拟的形式，导入本次学习活动的学习目标 2. 学习制动总泵的作用、组成、类型及安装安置 3. 学习真空助力器的作用、组成及安装位置 4. 完成制动总泵的检查与更换 5. 完成真空助力器的检查与更换 6. 自评、小组互评	1. 工作页准备和发放 2. 讲解工作页要求 3. 布置工作页相关信息收集任务 4. 指导学生完成工作页 5. 检查学生任务完成情况和成果 6. 对学生的学习过程进行评价	1. 制动总泵的作用、组成、类型及安装安置 2. 真空助力器的作用、组成及安装位置 3. 制动总泵的检查与更换 4. 真空助力器的检查与更换	1. 工作页 2. 维修手册 3. 操作视频 4. 互联网	1. 工作页 2. 阅读与查询能力 3. 专业术语 4. 表达方法 5. 小组活动 6. 6S 管理	4	一体化学习工作站
学习活动5：行车制动器的检查与更换	1. 以情景模拟的形式，导入本次学习活动的学习目标 2. 学习行车制动器的类型与特点 3. 学习行车制动器的组成及工作原理 4. 完成盘式制动器的拆装与检查 5. 完成鼓式制动器的拆装与检查 6. 自评、小组互评	1. 工作页准备和发放 2. 讲解工作页要求 3. 布置工作页相关信息收集任务 4. 指导学生完成工作页 5. 检查学生任务完成情况和成果 6. 对学生的学习过程进行评价	1. 行车制动器的类型与特点 2. 盘式制动器和鼓式制动器的组成、类型及工作原理 3. 盘式制动器的拆装与检查 4. 鼓式制动器的拆装与检查	1. 工作页 2. 维修手册 3. 操作视频 4. 互联网	1. 工作页 2. 阅读与查询能力 3. 专业术语 4. 表达方法 5. 小组活动 6. 6S 管理	14	一体化学习工作站

续表

教学活动	学生学习活动	教师活动	学习内容	资源	评价点	学时	地点
学习活动6：驻车制动器的检查与调整	1. 以情景模拟的形式，导入本次学习活动的学习目标 2. 学习驻车制动器的作用与类型 3. 学习驻车制动器的组成 4. 完成驻车制动器的检查与调整 5. 完成驻车制动器拉索的更换 6. 自评、小组互评	1. 工作页准备和发放 2. 讲解工作页要求 3. 布置工作页相关信息收集任务 4. 指导学生完成工作页 5. 检查学生任务完成情况和成果 6. 对学生的学习过程进行评价	1. 驻车制动器的作用与类型 2. 驻车制动器的组成 3. 驻车制动器的检查与调整 4. 驻车制动器拉索的更换	1. 工作页 2. 维修手册 3. 操作视频 4. 互联网	1. 工作页 2. 阅读与查询能力 3. 专业术语 4. 表达方法 5. 小组活动 6. 6S 管理	4	一体化学习工作站
学习活动7：工作总结与评价	1. 现场展示学习成果并进行总结 2. 现场讨论汽车制动无力故障 3. 自评、小组互评 4. 正确完成工作页	1. 指导学生总结、表述 2. 对学生的学习环节综合评价 3. 对学生的学习环节整体评价	1. 自我总结 2. 表述方法	工作页	1. 体验总结 2. 表达方法 3. 工作页	4	一体化学习工作站

附录 3　汽车防抱死制动系统故障灯亮故障检修学习任务设计方案

专业名称	汽车维修	一体化课程名称	汽车底盘简单故障检修
学习任务	汽车防抱死制动系统故障灯亮故障检修	授课时数	20 学时
工作情境描述	某客户反映车辆仪表盘上的防抱死制动系统故障灯亮。车主将该车送入维修站，维修顾问接车后，班组长使用故障诊断仪读取到故障码为“C1331 左前轮轮速传感器断路”，由此故障码可以初步判断汽车防抱死制动系统故障灯亮是由左前轮轮速传感器线束断路故障引起的。汽车维修人员需要对相关部件进行拆检，根据维修手册相关要求，在规定时间内，参照维修资料完成汽车防抱死制动系统的检查与零部件的更换工作，自检合格后交付班组长验收		
学习任务描述	在学习活动 1 中，学生在教师引导下，学习汽车防抱死制动系统的作用与分类，在实训车辆或台架上认识汽车防抱死制动系统的组成、主要零部件、工作原理等，为后续学习活动打下良好的理论基础 在学习活动 2 中，学生在教师引导下，学习故障诊断仪的使用方法；参考维修手册，查找汽车防抱死制动系统故障码的含义，并对汽车防抱死制动系统进行故障码的读取与清除 在学习活动 3 中，学生在教师引导下，学习轮速传感器的作用与分类、安装位置、组成、结构及工作原理等，能按照维修标准流程完成轮速传感器的检查与更换 在学习活动 4 中，学生在教师引导下，学习液压泵总成的作用与组成，能按照维修标准流程完成液压泵总成的检查、测试与更换 在学习活动 5 中，学生在教师引导下，识读 ABS 控制电路图，分析 ABS 控制电路常见故障，能按照维修标准流程完成 ABS 控制电路的检修 在学习活动 6 中，学生总结本次工作经验，并对学习成果进行正确评价 在学习过程中，学生能按教师要求完成每个工作步骤，证明学生已掌握汽车防抱死制动系统故障灯亮故障检修的工作步骤、工作思维和工作方法		
与其他学习任务的关系	该学习任务是汽车底盘简单故障检修一体化课程的第五个学习任务，与其他学习任务是并列关系，与第四个学习任务同属于制动系统的故障类型		
学生基础	具有基本的机械拆装与简单电路分析能力和资料的阅读能力，具有一定的安全文明生产、环保管理及“6S”管理习惯、团队沟通合作意识等		

续表

学习目标	1．能描述汽车防抱死制动系统的作用、分类及组成 2．能识别汽车防抱死制动系统主要零部件 3．能描述汽车防抱死制动系统的工作原理 4．能介绍故障诊断仪的使用方法 5．能描述汽车防抱死制动系统故障码的含义 6．能完成汽车防抱死制动系统故障码的读取和清除 7．能描述汽车防抱死制动系统轮速传感器的作用、分类及安装位置 8．能描述汽车防抱死制动系统轮速传感器的组成、结构及工作原理 9．能完成轮速传感器的检查与更换 10．能描述汽车防抱死制动系统液压泵总成的作用与组成 11．能完成液压泵总成的检查、测试和更换 12．能识读汽车防抱死制动系统控制电路图 13．能分析汽车防抱死制动系统控制电路常见故障 14．能完成汽车防抱死制动系统控制电路故障的检修 15．能对维修场地设备进行日常维护与保养，按 6S 管理规定要求清理现场 16．能对相关资料、互联网资源进行检索，完成维修工单、工作页的填写 17．能展示工作成果，进行任务评价，总结工作经验，优化检修方案 18．能在作业过程中严格按照企业操作规范操作，严格遵守安全生产制度、环保管理制度和从业人员职业道德，具有吃苦耐劳、爱岗敬业的工作态度和职业精神
学习内容	1．汽车防抱死制动系统的作用、分类及组成 2．汽车防抱死制动系统主要零部件的识别 3．汽车防抱死制动系统的工作原理 4．故障诊断仪的使用方法 5．汽车防抱死制动系统故障码的含义 6．汽车防抱死制动系统故障码的读取和清除 7．轮速传感器的作用、分类及安装位置 8．轮速传感器的组成、结构及工作原理 9．轮速传感器的检查与更换 10．汽车防抱死制动系统液压泵总成的作用与组成 11．液压泵总成的检查、测试和更换 12．汽车防抱死制动系统控制电路图识读 13．汽车防抱死制动系统控制电路常见故障分析 14．汽车防抱死制动系统控制电路故障检修
教学条件	1．教学场地：汽车底盘简单故障检修一体化学习工作站 2．设备：实训车辆、举升设备、多媒体设备等 3．工具：通用工具、故障诊断仪、万用表、试灯等

续表

教学条件	4. 防护用品：车轮三角垫块、车辆防护 5 件套、工作服、工作帽、耐磨手套、抹布等 5. 资料：PPT 课件、教材、维修手册、电路图、工作页、评价表、安全操作规程等 6. 材料：零件、配件、熔丝、继电器、电工胶布等
教学组织形式	1. 根据学习任务活动内容和班级人数，进行小组分工，并确定负责人 2. 根据情景模拟，教师安排学生扮演角色，从资料室领取相关资料 3. 根据学习任务活动环节，积极引导学生分析学习任务，明确学习重点和难点 4. 对学习活动中的重点和难点，教师进行分析、操作演示和现场指导，帮助学生掌握所学内容 5. 以情景模拟的形式，教师安排学生扮演角色，从资料室领取维修手册、工作页、工量具等 6. 以情景模拟的形式，教师安排学生扮演角色，严格按照 6S 管理要求，清扫、整理、维护和保养实训车辆、实训台架等设备 7. 教师组织学生以小组或个人形式进行分析和总结，汇报学习成果
教学流程与活动	1. 汽车防抱死制动系统的认知（4 学时） 2. 故障码的读取与清除（2 学时） 3. 轮速传感器的检查与更换（4 学时） 4. 液压泵总成的检查与更换（4 学时） 5. ABS 控制电路的检修（4 学时） 6. 工作总结与评价（2 学时）
评价内容与标准	1. 能完成汽车防抱死制动系统故障灯亮故障检修工作页中的问题 2. 能按维修标准完成汽车防抱死制动系统各部件的拆装与检查 3. 能在规定时间内，正确使用维修设备、工量具，按照制定的维修方案排除汽车防抱死制动系统故障灯亮故障 4. 能自觉遵守实训车间安全操作规定、安全生产制度、环保管理制度、6S 管理规定 5. 能正确进行实训车辆、实训台架的清洁、保养和维护 6. 能服从安排，具备从业人员的责任感、团队沟通合作等职业素养

附录 4　汽车防抱死制动系统故障灯亮故障检修教学活动策划表

教学活动	学生学习活动	教师活动	学习内容	资源	评价点	学时	地点
学习活动1：汽车防抱死制动系统的认知	1. 以情景模拟的形式，导入本次学习活动的学习目标 2. 学习汽车防抱死制动系统的作用、分类及组成 3. 识别汽车防抱死制动系统主要零部件 4. 分析汽车防抱死制动系统的工作原理 5. 自评、小组互评	1. 工作页准备和发放 2. 讲解工作页要求 3. 布置工作页相关信息收集任务 4. 指导学生完成工作页 5. 检查学生任务完成情况和成果 6. 对学生的学习过程进行评价	1. 汽车防抱死制动系统的作用、分类及组成 2. 汽车防抱死制动系统主要零部件的识别 3. 汽车防抱死制动系统的工作原理	1. 工作页 2. 维修手册 3. 知识点视频 4. 互联网	1. 工作页 2. 阅读与查询能力 3. 专业术语 4. 表达方法 5. 小组活动 6. 6S 管理	4	一体化学习工作站
学习活动2：故障码的读取与清除	1. 以情景模拟的形式，导入本次学习活动的学习目标 2. 学习故障诊断仪的使用方法 3. 查找汽车防抱死制动系统故障码的含义 4. 完成汽车防抱死制动系统故障码的读取和清除 5. 自评、小组互评	1. 工作页准备和发放 2. 讲解工作页要求 3. 布置工作页相关信息收集任务 4. 指导学生完成工作页 5. 检查学生任务完成情况和成果 6. 对学生的学习过程进行评价	1. 故障诊断仪的使用方法 2. 汽车防抱死制动系统故障码的含义 3. 汽车防抱死制动系统故障码的读取和清除	1. 工作页 2. 维修手册 3. 操作视频 4. 互联网	1. 工作页 2. 阅读与查询能力 3. 专业术语 4. 表达方法 5. 小组活动 6. 6S 管理	2	一体化学习工作站
学习活动3：轮速传感器的检查与更换	1. 以情景模拟的形式，导入本次学习活动的学习目标 2. 学习轮速传感器的作用、分类和安装位置 3. 学习轮速传感器的组成、结构和工作原理 4. 完成轮速传感器的检查与更换 5. 自评、小组互评	1. 工作页准备和发放 2. 讲解工作页要求 3. 布置工作页相关信息收集任务 4. 指导学生完成工作页 5. 检查学生任务完成情况和成果 6. 对学生的学习过程进行评价	1. 轮速传感器的作用、分类和安装位置 2. 轮速传感器的组成、结构和工作原理 3. 轮速传感器的检查与更换	1. 工作页 2. 维修手册 3. 操作视频 4. 互联网	1. 工作页 2. 阅读与查询能力 3. 专业术语 4. 表达方法 5. 小组活动 6. 6S 管理	4	一体化学习工作站

续表

教学活动	学生学习活动	教师活动	学习内容	资源	评价点	学时	地点
学习活动4：液压泵总成的检查与更换	1. 以情景模拟的形式，导入本次学习活动的学习目标 2. 学习汽车防抱死制动系统液压泵总成的作用与组成 3. 完成液压泵总成的检查、测试和更换 4. 自评、小组互评	1. 工作页准备和发放 2. 讲解工作页要求 3. 布置工作页相关信息收集任务 4. 指导学生完成工作页 5. 检查学生任务完成情况和成果 6. 对学生的学习过程进行评价	1. 汽车防抱死制动系统液压泵总成的作用与组成 2. 液压泵总成的检查、测试和更换	1. 工作页 2. 维修手册 3. 操作视频 4. 互联网	1. 工作页 2. 阅读与查询能力 3. 专业术语 4. 表达方法 5. 小组活动 6. 6S 管理	4	一体化学习工作站
学习活动5：ABS控制电路的检修	1. 以情景模拟的形式，导入本次学习活动的学习目标 2. 分析汽车防抱死制动系统控制电路图 3. 分析汽车防抱死制动系统控制电路常见故障 4. 完成汽车防抱死制动系统控制电路故障检修 5. 自评、小组互评	1. 工作页准备和发放 2. 讲解工作页要求 3. 布置工作页相关信息收集任务 4. 指导学生完成工作页 5. 检查学生任务完成情况和成果 6. 对学生的学习过程进行评价	1. 汽车防抱死制动系统控制电路图分析 2. 汽车防抱死制动系统控制电路常见故障分析 3. 汽车防抱死制动系统控制电路故障检修	1. 工作页 2. 维修手册 3. 操作视频 4. 互联网	1. 工作页 2. 阅读与查询能力 3. 专业术语 4. 表达方法 5. 小组活动 6. 6S 管理	4	一体化学习工作站
学习活动6：工作总结与评价	1. 现场展示学习成果并进行总结 2. 现场讨论汽车防抱死制动系统故障灯亮故障 3. 自评、小组互评 4. 正确完成工作页	1. 指导学生总结、表述 2. 对学生的学习环节综合评价 3. 对学生的学习环节整体评价	1. 自我总结 2. 表述方法	工作页	1. 体验总结 2. 表达方法 3. 工作页	2	一体化学习工作站

附录 5　汽车行驶跑偏故障检修学习任务设计方案

专业名称	汽车维修	一体化课程名称	汽车底盘简单故障检修
学习任务	汽车行驶跑偏故障检修	授课时数	20 学时
工作情境描述	一辆丰田卡罗拉轿车在水平路面直线行驶时，车主将转向盘回正居中，不施加转向力，车身有明显向右行驶的跑偏现象，必须用手往左拉动转向盘才能使车身保持直线行驶。维修技术人员根据车主描述的故障现象及路试情况初步判断为汽车行驶系统故障引起的行驶跑偏。经检查，前轮右侧的轮胎花纹出现严重偏磨现象，同时还发现减振弹簧变形。汽车维修人员需要对相关部件进行拆检，根据维修手册相关要求，在规定时间内，参照维修资料完成汽车行驶系统的检查与零部件的更换工作，自检合格后交付班组长验收		
学习任务描述	在学习活动 1 中，学生在教师引导下，学习汽车行驶系统的作用与组成，认识汽车行驶系统主要部件的安装位置，能描述车架、车桥的类型以及悬架的主要作用 在学习活动 2 中，学生在教师引导下，学习汽车车轮的作用与组成、轮辋的结构与类型、轮胎的结构与型号，能完成轮胎的检查与更换 在学习活动 3 中，学生在教师引导下，学习汽车悬架系统的作用、类型及组成，能完成悬架系统减振效果的检查以及减振器的拆装与检查 在学习活动 4 中，学生在教师引导下，学习汽车四轮定位参数的定义和四轮定位的作用，能正确使用四轮定位仪对车辆进行四轮定位检测，并能按维修手册的操作规范检查与调整车轮定位 在学习活动 5 中，学生总结本次工作经验，并对学习成果进行正确评价 在学习过程中，学生能按教师要求完成每个工作步骤，证明学生已掌握汽车行驶跑偏故障检修的工作步骤、工作思维和工作方法		
与其他学习任务的关系	该学习任务是汽车底盘简单故障检修一体化课程的第六个学习任务，完成该任务即完成该课程的学习		
学生基础	具有车辆维修手册和维修资料的阅读能力，具有一定的安全文明生产、环保管理及“6S”管理习惯、团队沟通合作意识等		
学习目标	1. 能描述汽车行驶系统的作用及组成 2. 能识别汽车行驶系统各总成主要部件的安装位置 3. 能描述车轮的作用及组成 4. 能描述轮辋的结构、类型及规格 5. 能描述轮胎的类型、结构及型号 6. 能描述悬架的作用、类型及悬架系统的组成 7. 能完成悬架系统减振效果的检查		

续表

学习目标	8. 能完成减振器的拆装、检查与更换 9. 能完成轮胎的检查与更换 10. 能完成四轮定位的检查与调整 11. 能对维修场地设备进行日常维护与保养，按6S管理规定要求清理现场 12. 能对相关资料、互联网资源进行检索，完成维修工单、工作页的填写 13. 能展示工作成果，进行任务评价，总结工作经验，优化检修方案 14. 能在作业过程中严格按照企业操作规范操作，严格遵守安全生产制度、环保管理制度和从业人员职业道德，具有吃苦耐劳、爱岗敬业的工作态度和职业精神
学习内容	1. 汽车行驶系统的作用及组成 2. 汽车行驶系统各总成主要部件的安装位置 3. 车架、车桥的类型 4. 悬架的主要作用 5. 车轮的作用及组成 6. 轮辋的结构与类型 7. 轮胎的结构与型号 8. 轮胎的检查与更换 9. 悬架的作用、类型及悬架系统的组成 10. 悬架系统减振效果的检查 11. 减振器的拆装与检查 12. 四轮定位参数的定义和四轮定位的作用 13. 使用四轮定位仪对车辆进行四轮定位检测
教学条件	1. 教学场地：汽车底盘简单故障检修一体化学习工作站 2. 设备：车辆、汽车底盘行驶系统实训台架、多媒体设备等 3. 工具：通用工具、汽车底盘维修专用工具 4. 防护用品：防护眼镜、抹布、工作服、工作帽等 5. 资料：工作页、维修手册、评价表、安全操作规程等 6. 材料：修理包、零件、配件等
教学组织形式	1. 根据学习任务活动内容和班级人数，进行小组分工，并确定负责人 2. 根据情景模拟，教师安排学生扮演角色，从资料室领取相关资料 3. 根据学习任务活动环节，积极引导学生分析学习任务，明确学习重点和难点 4. 对学习活动中的重点和难点，教师进行分析、操作演示和现场指导，帮助学生掌握所学内容 5. 以情景模拟的形式，教师安排学生扮演角色，从资料室领取维修手册、工作页、工量具等 6. 以情景模拟的形式，教师安排学生扮演角色，严格按照6S管理要求，清扫、整理、维护和保养实训车辆、实训台架等设备 7. 教师组织学生以小组或个人形式进行分析和总结，汇报学习成果

续表

教学流程与活动	1. 汽车行驶系统的认知（4 学时） 2. 轮胎的检查与更换（4 学时） 3. 悬架的检查与更换（6 学时） 4. 四轮定位的检查与调整（4 学时） 5. 工作总结与评价（2 学时）
评价内容与标准	1. 能完成汽车行驶跑偏故障检修工作页中的问题 2. 能按维修标准完成汽车轮胎、汽车悬架的检查与更换，能使用四轮定位仪对车辆进行四轮定位检测 3. 能在规定时间内，正确使用维修设备、工量具，按照制定的维修方案排除汽车行驶跑偏故障 4. 能自觉遵守实训车间安全操作规定、安全生产制度、环保管理制度、6S 管理规定 5. 能正确进行实训车辆、实训台架的清洁、保养和维护 6. 能服从安排，具备从业人员的责任感、团队沟通合作等职业素养

附录 6 汽车行驶跑偏故障检修教学活动策划表

教学活动	学生学习活动	教师活动	学习内容	资源	评价点	学时	地点
学习活动 1：汽车行驶系统的认知	1. 以情景模拟的形式，导入本次学习活动的学习目标 2. 学习汽车行驶系统的作用与组成 3. 学习汽车行驶系统主要部件的安装位置 4. 学习车架、车桥的类型及悬架的主要作用 5. 自评、小组互评	1. 工作页准备和发放 2. 讲解工作页要求 3. 布置工作页相关信息收集任务 4. 指导学生完成工作页 5. 检查学生任务完成情况和成果 6. 对学生的学习过程进行评价	1. 汽车行驶系统的作用与组成 2. 汽车行驶系统主要部件的安装位置 3. 车架、车桥的类型 4. 悬架的主要作用	1. 工作页 2. 维修手册 3. 知识点视频 4. 互联网	1. 工作页 2. 阅读与查询能力 3. 专业术语 4. 表达方法 5. 小组活动 6. 6S 管理	4	一体化学习工作站
学习活动 2：轮胎的检查与更换	1. 以情景模拟的形式，导入本次学习活动的学习目标 2. 学习车轮的作用与组成 3. 学习轮辋的结构与类型 4. 学习轮胎的结构与型号 5. 完成轮胎的检查与更换 6. 自评、小组互评	1. 工作页准备和发放 2. 讲解工作页要求 3. 布置工作页相关信息收集任务 4. 指导学生完成工作页 5. 检查学生任务完成情况和成果 6. 对学生的学习过程进行评价	1. 车轮的作用与组成 2. 轮辋的结构与类型 3. 轮胎的结构与型号 4. 轮胎的检查与更换	1. 工作页 2. 维修手册 3. 操作视频 4. 互联网	1. 工作页 2. 阅读与查询能力 3. 专业术语 4. 表达方法 5. 小组活动 6. 6S 管理	4	一体化学习工作站
学习活动 3：悬架的检查与更换	1. 以情景模拟的形式，导入本次学习活动的学习目标 2. 学习悬架系统的作用、类型及组成 3. 完成悬架系统减振效果的检查 4. 完成减振器的拆装与检查 5. 自评、小组互评	1. 工作页准备和发放 2. 讲解工作页要求 3. 布置工作页相关信息收集任务 4. 指导学生完成工作页 5. 检查学生任务完成情况和成果 6. 对学生的学习过程进行评价	1. 悬架系统的作用、类型及组成 2. 悬架系统减振效果的检查 3. 减振器的拆装与检查	1. 工作页 2. 维修手册 3. 操作视频 4. 互联网	1. 工作页 2. 阅读与查询能力 3. 专业术语 4. 表达方法 5. 小组活动 6. 6S 管理	6	一体化学习工作站

续表

教学活动	学生学习活动	教师活动	学习内容	资源	评价点	学时	地点
学习活动4：四轮定位的检查与调整	1. 以情景模拟的形式，导入本次学习活动的学习目标 2. 学习四轮定位参数的定义和四轮定位的作用 3. 能使用四轮定位仪对车辆进行四轮定位检测 4. 完成四轮定位的检查与调整 5. 自评、小组互评	1. 工作页准备和发放 2. 讲解工作页要求 3. 布置工作页相关信息收集任务 4. 指导学生完成工作页 5. 检查学生任务完成情况和成果 6. 对学生的学习过程进行评价	1. 四轮定位参数的定义和四轮定位的作用 2. 使用四轮定位仪对车辆进行四轮定位检测 3. 四轮定位的检查与调整	1. 工作页 2. 维修手册 3. 操作视频 4. 互联网	1. 工作页 2. 阅读与查询能力 3. 专业术语 4. 表达方法 5. 小组活动 6. 6S 管理	4	一体化学习工作站
学习活动5：工作总结与评价	1. 现场展示学习成果并进行总结 2. 现场讨论汽车行驶跑偏故障 3. 自评、小组互评 4. 正确完成工作页	1. 指导学生总结、表述 2. 对学生的学习环节综合评价 3. 对学生的学习环节整体评价	1. 自我总结 2. 表述方法	工作页	1. 体验总结 2. 表达方法 3. 工作页	2	一体化学习工作站